AF453333

LA CRITIQUE

DE

DENIS LE TYRAN,

D'ARISTOMENE,

ET DE

CLÉOPÂTRE,

COMPOSÉE

Par M. DEGARDEIN *de Ville-Maire*;

Auteur de différens Ouvrages de Politique, & de Littérature.

** Les plus fçavans Efprits fe trompent quelques fois,*
** Car l'Erreur a foûmis tout le Monde à fes Loix.*

A PARIS,

De l'Imprimerie de MONTALANT,

M. DCC. LII.

AVEC APPROBATION ET PERMISSION.

A SON ALTESSE
SÉRÉNISSIME
MADAME LA DUCHESSE
D'ORLÉANS.

ADAME,

L'ATTACHEMENT *inviolable que j'ai toujours eu pour* les Augustes Maisons, *dont* VOTRE ALTESSE SÉRÉNISSIME, *& le Prince son Epoux partagent le* Sang, *m'engage à prendre la liberté de lui offrir ces trois Piéces*

de Littérature. Il ne manqueroit rien à leur perfection, si mes Talens avoient été assez sublimes, pour les rendre dignes des suffrages de l'ILLUSTRE PRINCESSE, sous le Nom de laquelle le sort propice leur procure l'honneur de voir le jour ; mais quoique la justice que je me dois à moi-même, me défende une espérance si flatteuse, je me trouve néanmoins trop heureux, MADAME, de ce que l'hommage que j'en fais à VOTRE ALTESSE SÉRÉNISSIME, est pour moi un moyen de lui prouver le zéle ardent, & le profond respect, avec lesquels je serai toute ma vie,

Son très-humble, & très-
obéïssant Serviteur,
DE VILLE-MAIRE.

AVANT-DISCOURS.

LA plûpart de ceux qui se mêlent de critiquer les Auteurs, s'en acquittent avec tant d'indécence, qu'il n'est point étonnant de voir leurs Ouvrages, non-seulement ne point porter le fruit qu'on en devroit attendre, mais encore tomber dans un mépris universel. C'est un grand malheur pour les Belles Lettres, de ce que les mêmes Personnes qui paroissent s'intéresser à leur progrès, sont cause au contraire de leur dépérissement, par la partialité, & la mauvaise foi, dont elles se rendent presque toutes coupables. De-là naît le triste inconvénient, que les Auteurs voyant que c'est plûtôt leur mérite, que la basse & jalouse malignité de leurs ennemis attaque, que les fautes qu'ils peuvent avoir commises, les avis qu'ils en reçoivent, ne font que les aigrir, sans les corriger, ils n'ouvrent les yeux que sur la noirceur du motif, & les ferment sur les avantages que ces critiques, toutes injustes qu'elles sont, pourroient leur procurer.

AVANT-DISCOURS.

Ce n'eſt point le chagrin que j'ai, de voir la Gloire que M. de Marmontel s'eſt acquiſe par ſes Talens, qui me porte à relever quelques fautes où il eſt tombé ; l'envie n'a jamais eu d'empire ſur moi , & quoique je mette tout en uſage pour égaler les Grands Hommes , je ſuis leur plus fidéle Ami, en même temps que leur Rival.

Pages 94, & 152. M. de Marmontel a témoigné, en donnant au Public ſes Réflexions ſur la Tragédie, que c'étoit pour qu'il lui fit part de ſes lumieres, & qu'il ſoûmettoit ſes Ouvrages à ſon jugement. Si donc j'ai l'honneur de lui dire naturellement ce que j'en penſe, c'eſt pour répondre à ſes déſirs, & pour l'inviter , par cet éxemple , à en agir de même avec les miens, quand je les ferai paroître. Car je ne ſuis point aſſez téméraire, pour croire qu'ils n'auront pas beſoin d'un ſemblable ſecours ; & je déclare déja, par avance, que je ſerai fort obligé envers les Perſonnes Sçavantes, qui voudront bien avoir la bonté de me rendre ce ſervice.

M. de Marmontel va ſans doute être ſurpris, des Régles auſteres que je prends la liberté d'impoſer aux Auteurs Tragiques ; mais je me perſuade, que lorſqu'il en aura fait l'éxamen avec attention , il conviendra qu'elles ſont ſans réplique, & ne fera aucune difficulté de les ſuivre.

Certains eſprits, partiſans opiniâtres de tout ce qui nous vient des ſiecles paſſés, traiteront mes idées avec rigueur , par la ſeule raiſon qu'elles contrediſent celles que preſque tout le monde adopte. *Ne faut - il* * 25 ans le 16 du mois de Sept. dernier. *pas être inſenſé , s'écrieront-ils , d'oſer à un âge , * où pour l'ordinaire , l'expérience n'eſt point encore acquiſe , s'éri-*

ger en Législateur des Spectacles de Melpomene , & détruire
les Principes qui nous ont été prescrits par de grands Maîtres ,
& auxquels les Poëtes les plus célébres se sont toujours conformés ?
Ce jeune Auteur croit-il en sçavoir davantage que tous ceux
qui ont travaillé avant lui sur cette Matiere ? Non : Je serois
réellement insensé si je pensois ainsi ; mais m'étant
adonné à l'Etude la plus profonde, dès mes plus tendres années, j'ai acquis par ce moyen quelques con-
noissances, & je me flatte d'être en état de faire entendre ma voix au Parnasse , sans qu'Apollon, ni les neuf
Sœurs y trouvent à redire.

La façon dont je vais me conduire, en critiquant les Ouvrages de M. de Marmontel, va lui prouver que l'unique
motif qui m'y porte , est le désir que j'ai, de contribuer,
si j'en suis capable , à la perfection des Sçiences ; & que,
quoique son Censeur , j'aspire à mériter l'honneur de
son estime.

LA CRITIQUE

DE
DENIS LE TYRAN.

ACTE I.

DENIS LE TYRAN.

Aveugle Ambition, cruelle Politique,
Invincibles attraits d'un pouvoir tyrannique,
Dans quel gouffre de maux m'avez-vous entraîné!

Il y a dans le second Vers trois fautes :

Premierement, l'Ambition & la Politique ne font point des at-traits. Attraire, c'eſt exciter, faire naître quelque paſſion, ou quelque ſentiment. Comme par éxemple : la Beauté, les Graces, la Parure, ſont les attraits de l'Amour. Une ſage Conduite, un bon Caractere, ſont les attraits de l'Amitié. Le Déſir des Honneurs, des Richeſſes, des Plaiſirs, ſont les attraits de l'Ambition. 2. La Tyrannie étant toujours funeſte à ceux qui s'en rendent coupables, on ne peut pas dire qu'elle ait des attraits. Ce qui nous attrait, produit quelqu'utilité ou quelqu'agrément. 3. Le penchant qui nous porte au crime n'eſt point invincible, parce que s'il l'étoit, ceux qui le ſuivent ne ſeroient plus coupables. Comme il n'y a que la volonté qui faſſe le crime, où la force agit, la volonté n'eſt plus libre, & le mal qu'on commet alors, eſt digne de pardon. Cette penſée au fond eſt très-bonne. M. de Marmontel veut dire:

Que l'Ambition démeſurée, & la fauſſe Politique, changent en Ty-
rans tous ceux qui ſuivent leurs déteſtables maximes. Cela eſt vrai:

CROMWEL.

Dans ma
Tragédie de
Charles Pre-
mier, Roy
d'Angleterre.
Acte 1,
Scéne 2.

Pour les Ambitieux les crimes ne sont rien.

Au reste, ces fautes sont faciles à réparer, en mettant :

Aveugle Ambition, cruelle Politique,
Sources des noirs forfaits d'un pouvoir tyrannique,
Dans quel gouffre de maux m'avez-vous entraîné !

D A M O C L E'S, *à Denis.*

Scéne 2,
Page 2.

De vos ennuis secrets rien n'adoucit l'atteinte,
Qui peut tout connoît-il les désirs ou la crainte ?

Damoclès se trompe en parlant ainsi ; on a beau avoir une grande autorité, & des biens considérables, il y a toujours quelqu'avantage *dont on ne joüit point, & que l'on désire.* Les Rois sont dans ce cas, comme les derniers de leurs Sujets. A l'égard de la *crainte*, tout le monde en doit avoir, car

* *Nul Mortel n'est éxempt des plus affreux revers ;*
* *On gémit sur le Thrône ainsi que dans les fers.* (*)

D A M O C L E'S, *à Denis.*

Vous seul vous vous plaisez à nourrir vos ennuis.

(*) Tous les Vers marqués d'une Etoile, sont de l'Auteur de la Critique.

S'il

S'il eſt des Dieux vengeurs ils confondent le crime.
Votre Grandeur ſubſiſte, elle eſt donc légitime ?

La penſée du premier hémiſtiche du ſecond Vers , n'eſt rien moins que juſte. En la prenant à la lettre, Damoclès met en doute l'éxiſtance des Dieux ; car il n'y en peut avoir , qu'ils ne ſoient *vengeurs des Crimes, & rémunérateurs des Vertus.* Ce ſont deux attributs qui leur ſont eſſentiels. Il faudroit changer un peu ce Vers, & mettre :

Il eſt des Dieux vengeurs qui confondent le crime.
Votre Grandeur ſubſiſte, elle eſt donc légitime ?

Le portrait avantageux que Denis fait de ſon fils, ne lui convient point , attendu que l'Hiſtoire nous marque poſitivement, qu'ayant été fort mal élevé, parce que ſon Pere craignoit qu'une excellente éducation, ne le rendit capable de le déthrôner, ce Prince n'avoit aucune qualité digne de ſa Naiſſance ; qu'au contraire, il en avoit de très-mauvaiſes. Par la même raiſon , les ſentimens héroïques qu'il fait paroître dans ſes diſcours , ne lui conviennent point non plus.   *Page 6.*

Scène 1, Pages 8 & 9. Scène 7, & les autres Scênes des 3 & 4 Actes où il parle.

M. de Marmontel a commis une faute conſidérable, en faiſant vanter par Damoclès le bonheur de Denis. Le feſtin où il avoit vû avec tant de frayeur , une épée nuë ſuſpenduë ſur ſa tête, par un ſeul crin de cheval, lui avoit fait changer d'opinion.   *Scène 2, Pages 2 & 3.*

Le rôle de Dion eſt admirable , M. de Marmontel l'a traité avec plus de ſuccès que celui de Damoclès , néanmoins il y a un endroit , où il l'a fait pécher contre ſon caractere de Vertu.

B

DION, *à Denis le fils.*

Scène 7,
Page 17.

Il est d'autres Vertus dont vous aurez besoin.
Vous régnerez nn jour. . . . . . Et ce jour n'est pas loin.

Dire à un fils, lorsque son pere n'est point accablé d'années, & qu'il se porte bien, (car dans cette Tragédie , M. de Marmontel fait mourir Denis par le poison, sans dire qu'il étoit alors malade) *que dans peu il occupera son Thrône* , n'est-ce pas lui faire naître la pensée de hâter sa mort, ou tout au moins de la désirer, afin de régner à sa place? Dion avoit l'âme trop généreuse, pour tenir un pareil discours.

Acte 2,
Scène 2,
Pages 24, 25,
26, 27, & 28.

Les mesures que M. de Marmontel lui fait prendre avec Théodore & Philoxène , pour déthrôner le Pere & couronner le Fils ; Aretie qui consent à devenir l'Epouse du Tyran, pourvû qu'il laisse monter son fils sur son Thrône, sont autant de fautes impardonnables. Comment concilier ces fictions à des événemens véritables ,

Acte 3,
Scène 1,
Page 37.

qui leur sont tout-à-fait opposés? Quand Dion vit Denis le Pere malade dangereusement, il lui parla de nommer pour son Successeur, un des fils d'Aristomaque ; c'est ce qui fut cause que Denis, fils de Doris Locrienne, engagea ses Médecins à le faire périr, afin qu'il n'eut pas le temps de suivre des conseils qui détruisoient ses espérances.

DENIS *le Fils.*

Scène 7,
Page 18.

Rassurez-vous , Dion, de Méchans entouré ,
Leur poison dans mon cœur n'a jamais pénétré.
Plein de mépris pour eux, leur voix envenimée,
Trouve à tous leurs avis mon oreille fermée.

Si M. de Marmontel veut bien m'en croire, il évitera dorénavant, de faire suivre des Vers masculins & des Vers féminins d'une même rime. Quoique tous les Poëtes le fassent, ce n'en est pas moins un grand défaut, que j'ai toujours banni avec soin de mes Ouvrages. Dans le dernier Vers, j'ai substitué le mot d'*avis* à celui de *conseils*, parce qu'il formoit un son désagréable avec *oreille*.

Pour dire mon sentiment touchant ce premier Acte, j'en trouve la Poësie parfaitement belle, les pensées bien choisies, & les maximes très-nobles & très-judicieuses.

A C T E II.

Scêne 1,
Pages 21, 22,
23 & 24.

L E difcours que Denis tient à Dion, & aux Chefs du Peuple de Syracufe, eft d'une touche excellente.

Il a ces attraits infinuans & perfuafifs, auxquels il eft impoffible de ne fe pas rendre. Je n'y vois qu'une faute très-légere, dans une expreffion.

D E N I S.

Page 22.

C'eft ainfi, mes Amis, que contre ce rivage
Se briferoient dès lors les forces de Carthage.
Vuides de Défenfeurs tous nos ports font ouverts
Aux flottes qu'elle affemble & vomit fur les mers.

La Ville de Carthage qui *vomit des Flottes*, n'eft pas une façon de parler bien éloquente. Il conviendroit mieux de dire :

Vuides de Défenfeurs tous nos ports font ouverts
Aux flottes qu'elle employe à croifer fur les mers.

P H I L O X E' N E.

Scêne 2,
Page 24.

Quoi ! c'eft là ce Tyran, fi craint, fi furieux ?
Ses difcours, je l'avouë, ont éclairé mes yeux.

Que le Peuple est ingrat, & que dans son caprice
Aux Vertus de son Maître il rend peu de justice !

Si Théodore parloit de cette façon, je chercherois à l'excuser, s'il étoit possible ; mais pour Philoxène, il n'y a pas moyen. Etant le beau-frere de Denis, il devoit connoître à fond *la duplicité de son caractere* La réponse que Théodore lui fait, auroit été mieux placée dans sa bouche.

THEODORE, *à Philoxène.*

Moins crédule que vous je sçai m'en défier ;
Et je le connois trop pour le justifier.

Page 25.

DION, *à Philoxène.*

                    Cette Isle réunie

Page 25.

Viendra-t'elle avec nous servir la tyrannie ?
Denis n'espere point de pouvoir la gagner,
Mais sur d'autres Sujets il aspire à régner.
Dans ces murs avec soin dès long-temps il rassemble
Un tas de Scélérats, Peuple qui lui ressemble.

Je trouve que M. de Marmontel réprésente le caractere de Denis avec des couleurs trop odieuses. C'etoit un *Tyran*, j'en conviens, mais il s'en falloit beaucoup qu'il fut aussi cruel qu'il le fait paroître.

L'Histoire nous apprend , qu'il auroit eu toutes les perfections

d'un Héros, fi fon ambition exceffive, & les révoltes des Syracu-
fains, n'euffent point altéré fes véritables fentimens. C'eft avec jufte
raifon qu'il dit:

Acte 2,
Pages 21 &
22.

L'Envie a , contre moi , dans le fein de ma Ville ,

Nourri long-temps les feux de la guerre civile :

Je dûs les étouffer , & la néceffité

Fit parler vos périls , & taire ma bonté.

A punir des ingrats il fallut me réfoudre ,

Et ma main , à regret , laiffa partir la foudre..

Ma rigueur de ce Peuple , aigrit l'inimitié :

Pour le crime puni j'excufai fa pitié.

Il ne concevoit pas qu'un Juge fi févére ,

Sous les traits d'un Vangeur , portât le cœur d'un Pere :

Il eft fûr que fi ce Prince n'eût point été obligé d'employer la
force , pour fe maintenir fur le Thrône , fon Régne auroit été très-
heureux ; car fon inclination naturelle , étoit de faire du bien à tous
fes Sujets.

Je finis ce fecond Acte , en difant que je ne le trouve point inférieur au premier. On peut , fans fe rendre adulateur , affurer M. de
Marmontel , que pour fon coup d'effai , il a travaillé en Maître.

ACTE III.

DENIS.

Et quel autre intérêt à mes défirs s'oppofe ?

ARETIE.

Ma Gloire.

DENIS.

Scène 1,
Page 34.

Oubliez-vous que vous parlez à moi ?
Vous fille d'un fujet qui doit tout à fon Roi,
Vous dédaignez la main, par qui, de la pouffiere
Jufqu'au pied de mon Thrône eft monté vôtre Pere ?
Quel fantôme de gloire a frappé vôtre efprit ?
Pour méprifer le Thrône un peu d'orgueil fuffit ;
Mais un grand cœur l'honnore, & fçait s'en rendre digne.
Vous vous devez au Rang que le fort vous défigne :
Il vous attend, Madame, & pour le mériter,
Il ne vous manque plus que d'y vouloir monter.

Sont-ce là les difcours qu'un Amant doit tenir à fa Maîtreffe ?
Quand on cherche à plaire, le moyen d'y parvenir, n'eft pas af-

furément de témoigner du mépris a celle que l'on aime. *Le premier,
& le plus sûr fondement de l'amour , c'est le respect & la soûmis-
sion.* Denis recherche l'alliance d'Aretie , par un motif affez puif-
fant , pour qu'il faffe en forte de ne pas échouer dans cette entre-
prife , puifqu'il efpere par là, obtenir la bienveillance des Syracu-
fains , dont il fçait qu'il est détesté , parce qu'il s'est fait leur Roy
malgré eux. C'est lui-même qui fait connoître fon intention.

DENIS, *à Dion.*

<table><tr><td>Acte 1,
Scène 5,
Page 13.</td><td>

Je le fçai ; mais ta fille en époufant fon Roi ,

Devient un nœud de paix entre mon Peuple & moi.

L'amour de mes Sujets acquis à ta famille ,

Sera tranfmis pour dot à l'époux de ta fille.

C'est par là, cher Dion , que je puis les calmer.

Ils m'ont craint trop long-temps , je veux m'en faire aimer.

C'est le fruit que j'attends de ce nœud politique ,

Et tu fçais que tout cede à la caufe publique.

</td></tr></table>

Après avoir ainfi fait parler Denis, je fuis furpris que M. de Marmontel l'ait laiffé répondre à Aretie , d'une maniere auffi indécente,
& auffi peu conforme à fes intérets. Si Denis en agiffoit de la forte , pour fe faire hair d'Aretie , l'expédient feroit fort bon ; mais
pour défarmer fa rigueur, c'est s'y prendre de façon à ne réuffir
jamais.

DENIS, *à Aretie.*

Vous fille d'un Sujet qui doit tout à fon Roi ,

Vous dédaignez la main , par qui , de la pouffiere

Jufqu'au pied de mon Thrône est monté votre Pere ?

Quiconque

Quiconque entendroit ce difcours de Denis, fans en fçavoir davantage, croiroit avec raifon, que Dion eft un homme du bas Peuple, que la faveur de ce Prince a fait parvenir aux premieres places de l'Etat; point du tout, c'eft le contraire. Dion pere d'Aretie, étoit fils d'Hipparinus, un des plus illuftres Citoyens de Syracufe, & beau-frere de Denis, qui avoit époufé Ariftomaque fa fœur. Par conféquent, Denis a fort mauvaife grace de vanter à Aretie, fa niece, des obligations que fon pere ne lui avoit pas. Dion étoit fort au-deffus de lui, tant par le mérite, que par la naiffance.

Voyez Diodore de Sicile, Philiftus, Plutarque, dans la vie de Dion & dans celle deDenis.

D E N I S, *à Aretie.*

Quel fantôme de gloire a frappé votre efprit ?
Pour méprifer le Thrône un peu d'orgueil fuffit,
Mais un grand cœur l'honnore, & fçait s'en rendre digne.

Scéne 1,
Page 34.

Que veulent dire ces trois Vers? Le premier donneroit volontiers à entendre, que Denis regarde le refus qu'Aretie fait du rang de Reine & d'Epoufe, qu'il vient de lui offrir, comme l'effet d'un amour propre infupportable, qui lui fait confidérer avec dédain les plus grands honneurs, comme étant fort au-deffous de ce qu'elle mérite. Mais c'eft une faute de la part de M. de Marmontel. Denis avoit trop de pénétration, pour donner dans une pareille abfurdité. D'ailleurs, Aretie lui avoit parlé en termes trop intelligibles, pour qu'il ne comprit pas qu'elle le refufoit, par l'horreur que lui infpiroit fa qualité de Tyran de fa Patrie.

A R E T I E, *à Denis.*

Seigneur, l'éclat pompeux d'un fi grand Hyménée
D'une âme ambitieufe exciteroit les vœux.
Pour moi, fi de l'Hymen je dois former les nœuds,

Scéne 1,
Page 33.

Ce n'eſt qu'à la Vertu que je rendrai les armes ;
Et fuyant des Grandeurs le trouble & les allarmes,
Un cœur juſte eſt le Thrône où j'aſpire à régner.

Aretie ne pouvoit pas s'expliquer plus clairement. La penſée du ſecond Vers n'eſt pas bonne, & celle du troiſiéme ne convient point à la place qu'elle occupe.

Ce ſont les Vers de la page 34, cités plus haut.

DENIS, *à Aretie.*

Vous vous devez au Rang que le ſort vous déſigne.

Page 33, après les deux Vers que je viens de critiquer.

Les avantages qu'un Amant procure à ſa Maîtreſſe, viennent de l'inclination qu'il a pour elle. Je conviens que le ſort (pour parler ſuivant l'opinion des Payens, car la raiſon nous apprend, que tout arrive par l'ordre du Très-Haut) eſt le principe qui regle les évé‑nemens de notre vie ; mais ce mot ne peut point être admis dans un langage de paſſion. L'Amour doit y dominer ſeul, comme étant l'Auteur de la félicité des cœurs ſenſibles. Au reſte, rien n'eſt plus facile que de réparer ces fautes. M. de Marmontel n'a qu'à ôter les huit premiers Vers, & y ſubſtituer ceux‑ci que j'ai faits.

ARETIE.

Ma gloire.

DENIS.

** Quoiqu'Amant ſongez que je ſuis Roi.*
** Vous devez reſpeƈter les Dieux mêmes en moi.*

Il suffit que leur choix m'ait donné la Couronne,

Pour que leur Majesté réside en ma Personne;

Ainsi me méprifer, c'eſt méprifer les Dieux.

Tout eſt à pardonner à l'Objet de mes vœux:

De partager mon Thrône il n'en eſt pas moins digne.

Acceptez donc le Rang que mon cœur vous déſigne:

Il vous attend, Madame, & pour le mériter

Il ne vous manque plus que d'y vouloir monter.

Je crois, fans me flatter mal à propos, que ces huit Vers font plus convenables à la place qu'ils occupent, que ceux que M. de Marmontel y avoit mis. Denis foutient l'honneur du Thrône, fans offenfer celui d'Aretie, fa Maîtreffe, & en lui faifant fentir qu'elle a manqué au refpect qu'elle doit à fon Roi, il garde les mefures de modération qui feyent à un Amant. L'offre qu'il lui fait de fon Thrône, n'eſt plus un effet de la volonté du fort, mais un témoignage de l'amour qu'il a pour elle, & en faveur duquel il veut bien oublier l'écart où elle vient de tomber envers lui.

ARETIE, *à Denis.*

Je le pourrois fans honte, & ce Thrône odieux

Lavé par fes Vertus feroit pur à mes yeux.

Scéne 1,
Page 35.

On a beaucoup critiqué cette expreffion: *Lavé par fes Vertus.* Il eſt vrai qu'elle eſt bien nouvelle, mais je ne vois pas que ce foit une raifon fuffifante pour la rejetter. Elle me paroît bonne, & je fuis d'avis que M. de Marmontel peut la laiffer.

DENIS, *à Aretie.*

Je me fuis tû, Madame, & j'ai voulu connoître

Scène 1,
Page 36.

Les traits dont un vil Peuple ofe noircir fon Maître.

Ainfi donc, fur la foi de ce Peuple effrené,

Par vous-même, à mes yeux, mon régne eft condamné.

ARETIE.

Il fuffit qu'à l'Etat ce régne foit funefte,

Les maux qu'on a foufferts, les fureurs qu'on détefte,

Et tout ce qu'on impute à votre cruauté

Peut n'être que l'effet de la néceffité.

Des Rois ufurpateurs je connois les maximes,

Et leurs Vertus fouvent reffemblent à nos crimes.

Mais fans être coupable on peut être odieux.

Tout ce qui nuit au Peuple eft un crime à fes yeux.

Ce filence cruel qu'à fes cris on impofe,

Eft un nouveau témoin qui contre vous dépofe.

Au fang de vos Sujets vous vous êtes baigné :

L'Univers s'en fouvient, il s'en eft indigné ;

Et ma Patrie enfin, de fa gloire jaloufe,

Auroit trop à rougir fi j'étois votre Epoufe.

    Tout le rôle d'Aretie eft d'une beauté parfaite, mais cet endroit lui fait bien du tort. Eft-il fupportable de l'entendre juftifier la conduite de Denis, après qu'elle l'a reprife avec une fi noble affurance ? Si c'étoit Denis qui cherchât à s'excufer, je lui pardonnerois de tenir ce difcours. Mais c'eft une Citoyenne qui chérit fa Patrie, qui,

par cette raison, refuse de donner sa main au Tyran qui l'opprime,
& qui, tout d'un coup, paroissant quitter ses généreux sentimens,
embrasse la défense d'un coupable, qu'elle vient de condamner,
donne des couleurs favorables à ses forfaits, qui peu auparavant lui
faisoient horreur, puis dans le même instant change de nouveau,
& retourne à ses premieres idées. Voilà une contradiction des
plus étranges.

A R E T I E, *à Denis.*

Il suffit qu'à l'Etat ce régne soit funeste.
Les maux qu'on a soufferts, les fureurs qu'on déteste,
Et tout ce qu'on impute à votre cruauté
Peut n'être que l'effet de la nécessité.

Scène 1,
Page 36.

La morale des trois derniers Vers est fort commode. Par son
moyen le plus criminel de tous les hommes, seroit en état de se dire
innocent, en alléguant pour sa défense, *que dès que ses mauvaises*
actions étoient nécessaires, pour augmenter sa fortune, & pour la
conserver, il n'a rien fait qui soit répréhensible. Si Machiavel vi-
voit, cette façon de penser lui plairoit beaucoup, car elle est dans
le goût de la sienne.

A R E T I E, *à Denis.*

Des Rois usurpateurs je connois les maximes ;
Et leurs Vertus souvent ressemblent à nos crimes.

* *Le crime n'est jamais semblable à la Vertu.*

ARETIE, *à Denis.*

Mais sans être coupable on peut être odieux.
Tout ce qui nuit au Peuple est un crime à ses yeux.

* *On n'est point odieux que l'on ne soit coupable :*
* *Tout ce qui nuit au Peuple est dès-lors condamnable.*

ARETIE, *à Denis.*

Ce silence cruel qu'à ses cris on impose,
Est un nouveau témoin qui contre vous déposé.

La pensée de ces deux Vers est bonne ; mais elle ne s'accorde point avec celles des Vers précédens.

ARETIE, *à Denis.*

Au sang de vos Sujets vous vous êtes baigné,
L'Univers s'en souvient, il s'en est indigné;

Il y a une faute au second Vers. M. de Marmontel lui fait allier un temps présent avec un passé; cela n'est pas dans les régles.

A R E T I E, *à Denis.*

Et ma Patrie enfin de sa gloire jalouse,
Auroit trop à rougir si j'étois votre Epouse.

Pourquoi la Patrie rougiroit-elle de voir Aretie devenir l'Epouse de Denis? Elle n'avoit point rougi, quand Aristomaque, sœur de son Pere, l'étoit devenue. Au contraire, l'on voit par l'Histoire, que les Syracusains en marquerent une grande satisfaction, & qu'ils firent des réjouissances publiques le jour de ses nôces.

Pour réparer toutes ces fautes, voici des Vers que j'ai faits, qui remplaceront ceux de M. de Marmontel.

A R E T I E, *à Denis.*

* *Voulez-vous que j'approuve un régne aussi funeste ?*
* *Avec juste raison le Peuple vous déteste.*
* *Ne soyez point surpris de paroître à ses yeux*
* *Un monstre plein de rage, un Tyran odieux.*
* *Des Rois usurpateurs vous suivez les maximes:*
* *Il ne vous coûte rien de commettre des crimes.*
* *L'Etat perd sa Grandeur par votre cruauté.*
* *Etabli pour veiller à sa félicité,*
* *Loin de vous acquitter de ce devoir supréme,*
* *Vous changez en abus les droits du Diadême.*
* *Sans cesse vous versez le sang de vos Sujets:*
* *L'Univers qui vous voit, frémit de vos forfaits.*

* *Enfin l'honneur m'est cher, & j'en suis trop jalouse,*
* *Pour accepter jamais le Rang de votre Epouse.*

Comme M. de Marmontel pourroit me reprocher, d'avoir commis la même faute dont je l'ai repris, c'est-à-dire, d'avoir peint le caractere de Denis, avec des couleurs trop odieuses, voici ma réponse : Je ne suis point l'Auteur de cette Tragédie. Ne faisant que corriger les défauts que j'y trouve, je suis obligé, malgré moi, de suivre les caracteres, tels qu'ils les a annoncé.

ARETIE, *à Denis.*

Scène 1,
Page 37,

Vous m'aimez, dites-vous ?

DENIS.

En doutez-vous, Madame ?

ARETIE.

Osez me le prouver, & je suis votre femme.

Un homme du bas Peuple, dit *ma femme*, lorsqu'il parle de celle que l'Hymen lui permet de connoître ; mais cette expression n'est point d'un bel usage, parmi les Personnes d'un Rang distingué.

DENIS *le Fils, à son Pere.*

Scène 4,
Page 47.

Qu'au milieu des flatteurs, dont la dextérité
D'un voile séduisant masque la vérité,
Un Roi doit être exempt d'erreur & de foiblesse,

Masquer

Masquer la vérité, n'est pas une expression assez choisie pour trouver place dans un Poëme Héroïque. Il faut y substituer un autre verbe, & dire :

D'un voile séduisant cache la vérité.

Ce troisiéme Acte finit par deux Vers à rimes féminines, & le quatriéme commence de même, c'est un défaut que M. de Marmontel doit éviter à l'avenir. Je trouve presque toutes les pensées de cet Acte, très-nobles & très-touchantes.

ACTE IV.

DENIS *le Fils*, *à son Pere.*

Scéne 3 ;
Page 50.

Chargé d'indignes fers, de Gardes entouré,
Revêtu de l'opprobre au crime consacré,

L'opprobre consacré au crime : Cette expression, selon moi,
n'est pas convenable ; *destiné* eut mieux valu.

TRAJAN.

Acte 4,
Scéne 3 ;
Du Temple de
la Gloire, de
M. de Vol-
taire.

Rois qui redoutez ma vengeance,
Qui craignez les affronts aux vaincus destinés,

DENIS, *à son Fils.*

Scéne 3 ,
Pages 53 &
54.

           Non, rébelle,
Non, n'attends plus de moi que haine & que fureur.
De l'abîme où tu cours rien n'égale l'horreur.
C'est peu de t'arracher ton secret, ou ta vie ;
De tes Bourreaux moi-même excitant la furie
Et déchirant ce cœur qui se ferme à mes yeux,
J'y vais chercher ainsi ce secret odieux.

Ce difcours eft affreux dans la bouche d'un Pere. Denis n'a aucune preuve certaine que fon fils foit coupable, & même lorfqu'il en auroit,

La Nature a des droits que rien ne doit détruire.

M. de Marmontel me fera fans doute l'honneur de me répondre :

MEROPE, *à Poliphonte.*

Ce n'eft pas aux Tyrans à fentir la Nature.

Acte 4,
Scéne 2,
Page 45.

Il n'y a point de régle qui ne demande quelque exception. Denis n'étoit pas fi cruel que le font pour l'ordinaire les Tyrans. La Vertu avoit confervé du pouvoir fur fon cœur. Il l'aimoit, & l'on a des marques qu'il fçavoit la pratiquer. Jamais on n'a vû un Epoux & un Pere, remplir les devoirs de ces deux qualités plus parfaitement que lui.

Ce quatriéme Acte, ne cede en rien aux trois qui le précédent, il me paroît digne d'être forti de la plume d'un Auteur auffi recommandable que M. de Marmontel.

D ij

ACTE V.

DAMOCLE'S, *à Denis.*

Scène 1,
Page 64.

Si tout vous est suspect, Seigneur, quelle indolence
De votre Fils encore enhardit le silence ?

Indolence, est une expression peu respectueuse, qui ne convient point dans la bouche d'un sujet qui parle à son Roi : *Enhardit,* est une expression triviale, dont il n'y a que le bas Peuple qui fasse usage. Une légere correction rendra ces deux Vers supportables.

DAMOCLE'S, *à Denis.*

* *Seigneur, puisque de tout vous avez défiance,*
* *Pourquoi de votre Fils permettre le silence ?*
* *Que ne le forcez-vous à faire cet aveu ?*

DENIS.

Laissons lui son secret, il m'intéresse peu.

J'ai découvert sans lui l'Auteur de cette intrigue.
C'est Dion.

DAMOCLE'S.

Contre vous le Perfide se ligue ?

Cependant il est libre !

DENIS.

Attendons son retour.

DAMOCLE'S.

Votre Fils l'autorise & voit encor le jour !

DENIS.

Oüi, tel est mon malheur qu'il faut les laisser vivre.
Il n'est pas temps encor que la mort m'en délivre :
Mais à ma sûreté dès qu'ils auront servi,
Mon courroux choisira l'instant d'être assouvi.
Tourner à nos desseins tout ce qui les traverse;
C'est la Vertu des Rois, c'est l'Art où je m'éxerce.

Page 65.

M. de Marmontel auroit pû se dispenser de mettre : *C'est la Vertu des Rois.* En parlant ainsi, il ne donne pas une idée bien favorable des Souverains. Un Prince qui seroit imbu de pareilles maximes, & qui s'y conformeroit, deviendroit l'horreur de toute la Terre. Car quel est le vrai sens de ses deux derniers Vers ? C'est qu'un Prince, pour réussir dans ce qu'il entreprend, peut avoir recours à toutes sortes de moyens, sans qu'il soit obligé de s'embarrasser, s'ils sont justes ou non. On appelle cela ordinairement des tours de Politique; pour moi j'y donne un nom bien différent.

ARETIE.

Mon Pere ! O Ciel !

Scène 2,
Page 67.

DENIS.

> *Il eſt l'Auteur de l'attentat.*
> *Puiſſant par mes bienfaits il médite ma perte :*
> *Mais je ſerai vangé, ſa trame eſt découverte.*

J'ai déja fait remarquer ci-devant, que Dion étoit d'une Naiſſance illuſtre, & qu'ainſi il ne devoit point le Rang qu'il occupoit, à
la faveur de Denis.

ARETIE.

Scène 5,
Page 70. *Nos vœux ſont éxaucés quand l'Autel en eſt teint.*

Le ſecond Vers manque.

ARETIE.

Page 71. *A la trahiſon même il eſt inacceſſible.*
N'importe. Ayons recours à ce moyen horrible.
Contre la violence il doit être adopté,
Le crime même eſt juſte en cette extrêmité.

+ *Aucune extrêmité ne rend le crime juſte.*

M. de Marmontel n'auroit point dû faire tenir à Aretie, un langage si opposé au rôle de Vertu qu'il lui a donné. Il auroit fallu
qu'il lui inspirât des sentimens semblables à ceux de son Pere; la chose
eut même été plus naturelle. Les Enfans bien nés, adoptent les maximes de leurs Parens, quand elles leur paroissent dignes de l'être.
Celles de Dion sont admirables,

D I O N, *à Philoxène & à Théodore.*

Prudens sans artifice, aux cœurs lâches & bas
Laissons la trahison & les assassinats.
Triomphons en Guerriers, & que la Tyrannie,
N'ait rien à reprocher à qui l'aura bannie;
Ou si nous succombons, qu'un glorieux trépas
Anime nos Naveux à marcher sur nos pas.

Cette façon de penser, est absolument différente de celle d'Aretie. A cela près, ce cinquiéme Acte me paroît valoir autant que
les autres,

OBSERVATIONS

OBSERVATIONS

SUR TOUTE CETTE TRAGE'DIE.

DENIS le Tyran, eſt une Piéce auſſi imparfaite, du côté des Sujets dont M. de Marmontel l'a remplie, qu'elle eſt belle, du côté de l'ordre dans lequel il en a placé les événemens, & du côté de la Verſification. Les événemens en ſont amenés à propos, ſans confuſion, & forment une intrigue parfaitement liée. La Verſification en eſt noble, touchante, & convenable aux Sujets qu'elle traite, mêlée par intervalles, de réfléxions & de maximes très-ſolides & très-judicieuſes. Mais pour les Sujets, M. de Marmontel n'y a point réuſſi du tout.

Le dénouement de cette Piéce, eſt la mort de Denis le Tyran, Souverain de Syracuſe, Ville Capitale de la Sicile. Pour parvenir à ce but, il a recours à un nombre étonnant d'Epiſodes, qui n'ont aucun rapport véritable avec l'Hiſtoire dont il s'agit.

Dion pour délivrer ſa Patrie de la fureur d'un Tyran, médite de le faire périr. Denis le Fils vient enſuite, tout tranſporté de joye, de ce que ſon Pere lui a promis le Commandement de l'Armée, qui va porter la guerre

Acte I, Scéne 6.

Scéne 7.

E

contre l'Epire. Dion le fonde, pour voir s'il le trouvera
difpofé felon fes vûes. Le Prince a des fentimens, qui
détruifent fon efpérance. Dion lui apprend que fon Pere
veut époufer Aretie, fa Fille, & qu'ainfi il faut qu'il re-
nonce à fon amour pour elle. Denis le jeune eft pénétré
de douleur, & d'indignation, en apprenant que fon Pere
eft devenu fon rival : La nature & la vengeance com-
battent chez lui ; enfin la nature prend le deffus, & il
s'en va.

Acte 2,
Scène 2.
Dion s'ouvre vis-à-vis de Philoxène & de Théodore,
il leur fait part de fes deffeins. Ils entrent dans fes idées,
Scène 3.
& confpirent la mort du Tyran. Dion apprend à Aretie,
fa Fille , que Denis le Pere eft fon Amant , mais
qu'il ne l'époufera point, parce qu'il fçaura bien y mettre obftacle.

Acte 3.
Scène 1.
Denis annonce à Aretie l'amour qu'il a pour elle.
D'abord elle rejette fiérement fes propofitions, enfin
elle s'y rend, à condition qu'il cédera fa Couronne à fon
Fils. Denis feint de le vouloir faire, pour voir fi fon Fils
l'acceptera. Il s'en va, & envoye fon Fils vers Aretie.
Scène 3.
Elle lui offre la Couronne, il la refufe. Elle lui dit que
c'eft le feul moyen de fauver la vie à fon Pere. Il veut
courir pour lui apprendre le danger qui menace fes jours;
elle l'en détourne, en lui difant, que Dion eft l'Auteur
Scène 4.
du complot. Denis le Pere vient fçavoir à quoi fon Fils
s'eft déterminé. Ce Prince, pour l'empêcher de périr,
accepte la Couronne ; il le fait arrêter fur le champ,
comme un rébelle qui fouhaite fa mort, pour régner à fa
place.

Denis le Fils par un mouvement de Vertu, avertit son
Pere, qu'on veut lui ôter le Thrône & la vie. Comme il
refuse de nommer les coupables, Denis le Pere envoye
chercher Dion & Aretie. Il ordonne à Dion de lui amener les Chefs du Peuple de Syracuse, pour être garants
de la fidélité de leurs Concitoyens, & il retient Aretie
en ôtage de la conduite de son Pere. Il ordonne à Aretie
d'engager son Fils, dont il sçait qu'elle est aimée, à lui
découvrir les Chefs de la conspiration,& lui promet qu'à
cette condition, il permettra à son Fils de l'épouser, ou
s'il garde encore le silence, il le fera mourir. Denis le
Pere s'étant retiré, Aretie demande au Prince son
Fils, qui est celui qui les a dénoncé. Il avouë que
c'est lui-même. Théodore vient chercher ce Prince &
Aretie, pour les conduire en lieu de sûreté, avant que
la révolte éclate. Denis le Fils le renvoye durement.
J'aime mieux, dit-il, attendre la mort,que d'aller avec
des rébelles. Damoclès vient dire au Prince, qu'il faut
ouvrir son cœur au Roi son Pere, ou perdre la vie. Le
Prince s'en va avec lui. Aretie prend la résolution de
tout risquer, pour délivrer son Amant & sa Patrie du sort
qui les menace, quand elle devroit y périr.

Denis dit à Aretie, que pour sauver la vie à Dion &
au Prince son Fils, il faut qu'elle consente à l'épouser.
Aretie consent à épouser Denis le Pere, mais elle projette
de profiter de cette occasion pour s'en défaire par trahison. Dion vient lui dire, que la révolte n'aura pas lieu,
parce que ses Concitoyens ont appréhendé que Denis ne
s'en vangeât sur elle. Damoclès vient lui annoncer que
le Roi l'attend à l'Autel pour l'épouser. Elle embrasse
son Pere, prend congé de lui, & s'en va trouver le Ty-

Acte 4.
Scene 3.

Scène 4.

Scène 5.

Scène 6.

Scène 7.

Scène 9.
Scène 10.

Acte 5,
Scène 1.

Scène 4.
Scène 5.
Scène 6.

Scène 7.
Scène 8.

E ij

ran au Temple. Dion voit arriver Philoxène , & lui demande des nouvelles de fa Fille. Philoxène lui apprend
qu'elle vient d'empoifonner Denis avec la Coupe Nup-
 tiale, & qu'en ayant bû après lui, elle fe meurt. Denis
vient fur la Scêne comme un furieux, ordonne à fes Gardes de lui amener fon Fils. Ce Prince arrive: Denis dit
 à un Garde de le tuer. Dion s'y oppofe ; enfin le Tyr n
tombe entre les bras de fes Gardes, & y rend les derniers foupirs.

Je pardonnerois à M. de Marmontel un auffi long
tiffu d'événemens, s'ils étoient véritables, mais quelle
néceffité d'entaffer un fi grand nombre de Fables ? C'eft
un Roman qu'il a fait, & non pas une Tragédie. Rien
n'étoit pourtant plus facile, que de fuivre éxactement la
vérité de l'Hiftoire, elle lui auroit fourni abondament
la matiere pour remplir cinq Actes, fans fictions ni Epifodes. M. de Marmontel fçait auffi bien que moi, l'événement qui caufa la mort à Denis. Ce Prince aimoit la
Poëfie, & y excelloit. Ayant été couronné Vainqueur,
pour une Tragédie de fa compofition, qu'il fit repré-
fenter à Athènes, pendant la Fête de Bachus, il en eut
tant de joye, qu'il donna pendant plufieurs jours, des
feftins publics à toute la Ville de Syracufe. Il fe trouva
incommodé d'avoir mangé & bû avec excès ; les dou-
leurs qu'il reffentoit lui ôtant le repos, il demanda à fes
Médecins, un remede qui le fit dormir. Ces malheureux
fe laifferent gagner par Denis fon Fils, qu'il avoit eu de
Doris Locrienne, & qui craignant qu'il ne laiffât fon
Thrône à un des fils d'Ariftomaque, s'ennuyoit beau-

coup de le voir vivre , & lui donnerent un remede si agissant , qu'il s'endormit pour toujours.

On ne trouve dans cette Tragédie aucune trace de vérité. C'est un amas de mensonges artistement cousus , auquel M. de Marmontel a donné tel nom qu'il lui a plû. Je conviens que ces mensonges ainsi réunis , forment un tout très-intéressant , par la variété des situations où il met ses Personnages ; mais cette variété n'a de mérite , selon moi , qu'autant qu'elle doit son origine à la fécondité du sujet , & non à l'imagination du Poëte. Pour faire des Piéces d'imagination , il est inutile d'avoir recours à des Sujets tirés de l'Histoire , la Fable nous en fournit assez. Il n'y a qu'à faire la mort d'Alcide , Jupiter & Sémélé , Ixion. . . . . . . Les Poëtes pourront alors donner un libre essort à leur esprit.

Mais, me fera sans doute l'honneur de me dire M. de Marmontel , la vérité peut-elle seule avoir assez d'appas , pour fixer l'attention des Spectateurs pendant cinq Actes ? Oüi , assurément , ma Tragédie de Charles Premier en sera une preuve. Elle répiésentera l'Histoire de ce Monarque , comme elle est réellement arrivée. Les Spectateurs de cette Piéce , croiront être à Londres. Si le Ciel m'avoit pourvû de Talens pareils à ceux de M. de Voltaire , j'ose avancer que ma Tragédie ne céderoit en rien à aucune de celles qui ont jamais paru. J'en reviens à Denis le Tyran. Quelle route falloit-il que M. de Marmontel tint , pour composer cette Tragédie selon mes principes , c'est-à-dire , sans y mêler des Fables , ni d'Episodes ?

J'aurois rendu Denis le Tyran , ami véritable de Dion, fon Beau-frere, & ayant confiance en lui. Dion, homme vertueux , profiter de l'eftime de ce Prince, pour le porter à réparer fes fautes paffées , par quelqu'action de Juftice. Denis touché de fes réfléxions , condamner fes forfaits. J'aurois fait paroître les deux Reines. A Doris , j'aurois donné un caractere jaloux contre Ariftomaque, ambitieux & cruel. J'aurois peint Ariftomaque, vertueufe , aimant fon Epoux, fa Famille & fa Patrie. J'aurois peint Denis le jeune, femblable à Doris. J'aurois fait paroître les deux Princes , enfans d'Ariftomaque, à qui j'aurois donné le caractere vertueux de leur mere. Philiftus, Confident & Inftigateur des deffeins de Doris, comme Mathan dans Athalie. Philoxène & Tefta , Confidens d'Ariftomaque. Denis par les confeils de Dion , vouloir choifir pour fon Succeffeur au Thrône, un des fils de cette Princeffe, tant à caufe de fes Vertus, que parce qu'elle éft de Syracufe. Doris appréhendant le fuccès de cette réfolution, confpirer avec Denis, fon fils , & Philiftus, la mort de fon Epoux. Philiftus , porter envie à la Vertu de Dion. Enfin, Denis le Pere fuccomber par les artifices de fes ennemis, & mourir empoifonné. Je n'aurois point fait arriver la mort de Denis fur la Scêne , la vérité de l'Hiftoire ne le permettant pas. Je ne me ferois point foumis à l'unité de temps , ni de lieu, mais feulement à celle d'action, parce qu'elle eft indifpenfable. Je fuis certain que fi M. de Marmontel avoit conftruit fa Tragédie de Denis fuivant ce Plan, elle auroit eu les fuffrages de tous les connoiffeurs. La tendreffe de ce Prince

pour ſes deux Epouſes , & pour ſes Enfans ; le choix
que Dion le porte à faire d'un des Enfans d'Ariſtomaque , tant à cauſe de ſes Vertus , que parce qu'elle eſt
de Syracuſe ; les mouvemens que Teſta , Philoxène ,
Ariſtomaque, & Dion, ſe donnent pour faire réuſſir cette
affaire , par amour du bien public ; les meſures que Doris , Denis le Fils , & Philiſtus prennent pour la faire
échoüer, parce qu'elle nuiroit à leur ambition ; le con-
traſte de tant de caracteres différens , & de tant d'intérêts incompatibles , auroit fourni une ſuite d'événemens, qui auroient touché l'âme des Spectateurs, au
moins autant, ou même peut-être plus que les fictions
dont M. de Marmontel s'eſt ſervi, & ſa Piéce auroit été
conforme aux Régles de la raiſon & du bon goût.

Qu'eſt-ce que la Tragédie ? N'eſt-ce pas une Hiſtoire
miſe en action & en Vers ? Or, ſi c'eſt une Hiſtoire, il
faut néceſſairement qu'elle ſoit une Peinture fidelle du
Sujet qu'elle annonce. On doit y retrouver les mêmes
événemens, les mêmes caracteres, & autant qu'il ſe peut,
les mêmes diſcours. Mes principes ſeront mal reçûs des
Poëtes Tragiques. Je m'attends qu'ils vont me renvoyer
au Cid, * à Héraclius, à Polieucte, à Vinceſlas, à la Pré-
face de *Sémiramis*, de M. de Voltaire. C'eſt avoüer ſa
défaite, que de recourrir à de pareils ſubterfuges. Au reſte, il n'y a point lieu d'être ſurpris, de ce que les Poëtes
Tragiques aiment ſi fort les Sujets d'invention. C'eſt que
la compoſition de leurs Piéces, eſt beaucoup moins difficile avec des fictions , qu'avec la vérité de l'Hiſtoire.
Au lieu d'être un an à faire une Tragédie , il faudroit

* Examen
d'Ariſtomene,
Page 16.

qu'ils y fuſſent au moins deux. Voilà ce qui eſt cauſe qu'ils préférent une méthode irréguliere, à une méthode qui les conduiroit à la perfection de leur Art, dont au contraire ils s'éloignent tous les jours de plus en plus. Rien n'eſt ſi flatteur, que de donner ſouvent de nouvelles productions de ſon Génie. La plupart des Auteurs ſacrifient l'immortalité à ce foible plaiſir. *Il vaut mieux faire un excellent Ouvrage, que quatre médiocres. La Gloire des Auteurs, ne vient point du grand nombre de leurs Livres, mais du mérite qui s'y trouve.*

LA CRITIQUE

D'ARISTOMENE.

ACTE I.

ARSIRE, *à Cléonnis*.

To I, le Chef du Sénat, l'ami d'Aristomene,
Sans lui, tu veux changer le destin de Messène !
Sans consulter le bras qui vient de l'affranchir,
Sous le joug qu'il brisoit, Messène veut fléchir ;
Et joint, en le livrant à l'ennemi qu'il brave,
La honte d'être ingrate à celle d'être esclave !
Sparte, dont ce Héros abaissa la fierté,
Va-t'elle de son sang voir signer ce Traité ?
Quoi ! tandis que pour nous sa prudence rapide
Fait soulever Argos, Sicyone, l'Elide ;
Tandis que l'Eurotas, sur ses bords étonnés
Voit encor nos Tyrans par la crainte enchaînés ;
Qu'une puissante armée, au pied de nos murailles,
N'attend que le signal pour voler aux Batailles ;

Scène 1,
Pages 3. & 4.

F ij

Qu'en nos Ports , qu'en nos Champs l'abondance renaît ;
Ce Peuple épouvanté.. . . . . . .

CLÉONNIS.

Ce Peuple se connoît.
Il sent enfin le poids de son indépendance ,
Et la crainte aujourd'hui lui tient lieu de prudence.

A l'exception de trois fautes peu considérables , je trouve cette exposition assez bien touchée , quoiqu'elle auroit pû l'être encore mieux.

M. Freron condamne ces expressions: *Consulter un bras , le livrer à ses ennemis ,* Elles me paroissent convenir à la place qu'elles occupent. Voici les trois endroits où M. de Marmontel a manqué. *Prudence rapide.* La *Prudence* n'a point cette qualité ; au contraire elle vous dit :

Hâtez-vous lentement , & sans perdre courage ,

Le poids de l'indépendance , ne vaut pas mieux que *Prudence rapide.* M. Freron a critiqué avec justice ces deux fautes. Mais il n'a pas pris garde à la troisiéme.

CLÉONNIS.

Et la crainte aujourd'hui lui tient lieu de prudence.

La crainte ne tient point lieu de prudence, car elle empêche souvent d'en avoir, quelquesfois aussi elle en donne ; mais cela est rare, parce que pour l'ordinaire, elle altere les facultés de l'esprit.

A R S I R E.

Peuple inégal & vain, qui peut te définir ?
Quoi ! pour sa liberté je l'aurai vû s'unir,
Et secouant le joug, du sein de la poussiere,
A la voix de l'honneur, lever sa tête altiere.

Scéne 1,
Page 4.

Inégal, ne se dit gueres du caractere de quelqu'un ; il auroit été plus à propos de mettre : *Inconstant, volage.*

A R S I R E.

J'aurai vû l'artisan en Guerrier transformé,
L'époux par son épouse au combat animé,
Et du fer, instrument d'une obscure industrie ;
Se faire une défense utile à la Patrie.

Scéne 1,
Page 4.

Je ne trouve pas que le mot *d'Artisan*, fasse là un bel effet. *Le fer instrument d'une obscure industrie.* Cette façon de parler, est vile & abjecte. Dans une Tragédie, tout doit respirer la Grandeur & la Majesté. *Du fer, & se faire*, ne s'accordent pas bien ensemble.

A R S I R E.

Enfin d'un Peuple esclave, & né dans le repos

Scéne 1,
Page 4.

Un Héros aura fait un Peuple de Héros ;

Traité de la Gloire, de M. de Sacy. Liv. 3. Pages 184 ; & suivantes.

Il n'eſt pas au pouvoir d'un Mortel, quelque puiſſe être ſon mérite, *de faire des Héros ; il n'y a que Dieu qui ait cette faculté. Pour être digne d'un nom ſi glorieux , la valeur ſeule ne ſuffit pas.* Je trouve même que c'eſt l'avilir , que de le donner *à un ramaſſis d'Artiſans , transformés en Guerriers.* Ce ſont, en général, des hommes dont les ſentimens ne ſont tournés qu'à la baſſeſſe.

* *L'honneur éclaire-t'il des âmes mercénaires ?*

Lettre 12. Page 324.

Dans les ſix Vers qui ſuivent, je n'y vois point l'ambiguité dont parle M. Freron ; il s'eſt trompé aſſurément.

ARSIRE.

Scène 1, Page 6.

Mais fuſſiez-vous en paix ſous ces Maîtres injuſtes ,
Préférez-vous aux Loix de vos Ayeux Auguſtes ,
Ces Loix , mélange informe , où la férocité
Des mœurs de la nature aigrit l'aménité :
Qu'à Lycurgue dicta cette fierté ſauvage ,
Qui ſubjugue le foible , & révolte le Sage ?

Lycurgue a toujours été regardé , comme un des plus grands Héros qui ayent parus jamais ſur la terre , & ſes Loix comme des chefs-d'œuvres de Sageſſe & de Prudence ; ainſi M. de Marmontel a fait

une faute inexcufable, en mettant un pareil difcours dans la bouche
d'Arfire.

ARSIRE.

Ces Loix, mélange informe, où la férocité

Il falloit tourner ce Vers, de façon à pouvoir mettre : *dont la
férocité.*

ARSIRE.

Des mœurs de la nature aigrit l'aménité.

Le mot d'*aménité*, n'eft point admis au nombre de ceux, dont les
Perfonnes de Lettres peuvent faire ufage.

CLE'ONNIS.

Que l'on brife nos fers ! Crédules que nous fommes !   Scéne 1,
Page 6.

ARSIRE.

Quoi !

CLE'ONNIS.

*L'intérêt, Arfire, a bien fait de grands Hommes,
Et tel, de fa Patrie, eft devenu l'appui,
Qui ne fit rien pour elle, & qui fit tout pour lui.*

Ce que M. de Marmontel vient de dire, arrive quelques fois,

mais néanmoins il eſt toujours à blâmer d'avoir rendu ſi publique une penſée, dont il n'y a que les Eſprits du premier Ordre qui doivent connoître. *Il eſt certaines Sciences ſublimes, dont le commun des hommes n'a que faire, & que les Enfans des Muſes ne doivent communiquer qu'à leurs ſemblables.* Le diſcours de Cléonnis peut produire de dangereux effets. Les âmes généreuſes ſont en ſi petit nombre, qu'il ſeroit fort facile d'en faire le compte. Le reſte des Mortels, abandonné aux déréglemens du ſiécle, les hait, & ne les voit fleurir qu'avec peine.

CROMWEL.

Dans ma Tragédie, Acte 1, Scéne 3.

C'eſt le ſort des Héros que d'exciter l'envie.

Ces hommes corrompus, ſont fâchés de leur voir tenir une conduite, qui condamne la leur.

CLÉONNIS, *à Dracon.*

Acte 1, Scène 3, Page 10.

Doutant d'une Vertu qu'ils ne peuvent avoir,

Dans un crime ſecret ils en cherchent la cauſe,

Avides à ſaiſir le premier qu'on ſuppoſe.

Par conſéquent, M. de Marmontel met toutes les Perſonnes qui rendront ſervice à leur Prince ou à leur Patrie, dans le triſte cas, d'être honteuſement ſoupçonnées d'une ambition criminelle, ou d'un vil intérêt.

ARISTOMENE.

ARISTOMENE.

Que n'avez-vous pû voir le respeEt & l'ardeur
Que tout ressent au nom de votre Ambassadeur !

  Le respeEt & l'ardeur, ne font point le mauvais effet que M. F. voudroit y trouver. *Ardeur* dans ce Vers, veut dire, *zéle*, *empreffement.*

  Lettre 12.
  Page 326.

CLÉONNIS, *à Ariftomene.*

Ami, n'y penfons plus, la liberté nous touche,
Mais d'un prix trop cruel nous paîrions fes bienfaits.

Il faudroit *nous payerions.*

ARISTOMENE.

  J'ai pour moi mon armée
Endurcie aux befoins, à vaincre accoutumée,
Qui partout fur mes pas intrépide à courrir,
Souffrira fans murmure en me voyant fouffrir.

  Scène 2,
  Page 11.

  Auget Victoria Vires.

  C'eft à tort que M. F. a critiqué l'expreffion, *intrépide à cour-rir*, elle eft bonne dans le fens où Ariftomene la préfente.

  Lettre 12.
  Page 326.

XANTIPE.

La Vertu fait fouvent des jaloux, des ingrats.

  Scène 2.
  Page 12.

G

ARISTOMENE.

Pourſuivie, enviée, a-t'elle moins d'appas !

Les appas de la Vertu ! s'écrie M. F. Un homme d'eſprit peut-il parler ainſi ? Il faut ne pas la connoître, pour ignorer qu'elle en a.

LA PRINCESSE ELISABETH.

Dans ma Tra-
gédie, Acte 1.
Scêne 3.

Ce n'eſt point un bonheur d'avoir le Rang Suprême.
La Gloire des Vertus vaut mieux qu'un Diadême.
Sa Splendeur vive & pure eſt le ſouverain bien,
Et quand l'Homme en joüit il ne lui manque rien.

ARISTOMENE.

Que peuvent des Captifs ſous le joug abbatus ?
La liberté, Xantipe, eſt mere des Vertus.
Elle élève les cœurs, elle fait les grands Hommes.

Ces penſées ſont plus brillantes, qu'elles ne ſont ſolides. Le Peuple eſt-il jamais *libre ?* Il faut pour ſon bonheur qu'il obéiſſe à des *Maîtres,* attendu qu'il n'eſt pas aſſez ſage pour ſe gouverner lui-même. *La liberté,* c'eſt-à-dire, *l'indépendance abſolue,* bien loin de produire *des Vertus & des grands Hommes,* n'eſt propre qu'à produire *des crimes & des Brigands.*

A quels déſordres n'ont point été expoſés les Pays où la Démo-

cratie avoit lieu? Rome & la Sicile nous en ont montré aſſez d'é-
xemples. Ariſtomene, me fera l'honneur de me dire M. de Marmontel, entend par le mot de *liberté*, *l'avantage d'être gouverné par
des Chefs de ſa Nation*, parce qu'alors :

ARISTOMENE.

C'eſt libre dépendance, & non pas eſclavage.

Scéne 2,
Page 1 ;.

J'aurai celui de lui répondre : *Que cet avantage ne fait rien aux
Vertus d'un Peuple. Qu'il ſoit gouverné par ſes propres Chefs, ou
qu'il le ſoit par ceux d'une Nation étrangere, la choſe eſt fort
égalle.*

ARISTOMENE.

*Le chemin de la Gloire eſt entouré d'abîmes,
Mais tout rude qu'il eſt, il eſt ouvert pour nous.
De l'éclat qui la ſuit ſi vous êtes jaloux,
Vous allez le puiſer dans ſa ſource immortelle.
C'eſt la Poſtérité. Nous travaillons pour elle.
Contemplez l'avenir, voyez nos noms fameux,
Par la Gloire portés chez nos derniers neveux.
Vous voyez ce Sénat. Là ſeront nos images.
Les Peuples à genoux leur rendront des hommages :
Dans ces marbres muets ils nous adoreront,
Et liront leur devoir gravé ſur notre front.*

Lettre 11, Page 336.

Je ne trouve point dans ces Vers, les défauts que M. F. & l'Auteur de l'Examen d'Aristomene ont relevés. Le premier, critique quelques expressions, qui n'en méritent pas la peine. Le second,

Page 24, Note B.

condamne le portrait qu'Aristomene fait des charmes de la Gloire. *Ce Héros, dit-il, cesseroit de nous intéresser, si l'espoir de l'Immortalité régloit sa conduite, ainsi M. de Marmontel ne doit nous le montrer, que guidé par le désir d'être Vertueux.*

Le portrait qu'Aristomene fait des charmes de la Gloire, ne me paroît pas rendu avec cette Noblesse, que demandoit nécessairement un si beau sujet; mais la pensée dans le fond est excellente.

LA PRINCESSE ELISABETH.

Dans ma Tragédie, Acte 1, Scène 3.

Il est toujours permis d'aspirer aux Honneurs;
Le désir d'y monter sert à former les cœurs;
A l'amour de la Gloire on doit tous les grands Hommes;

MM. de l'Académie Françoise ont donné en l'année 1750 pour Sujet d'un de leurs Prix de Poësie, la Maxime exprimée dans mes, Vers.

Que tous les Hommes se consultent eux-mêmes; s'ils veulent parler suivant la vérité, ils conviendront *qu'aucun d'eux ne pratique la Vertu, sans y être excité par quelque motif.* Or il n'y en a que deux, *l'Honneur* ou *l'Intérêt* Mais de ces deux motifs (à moins qu'ils ne soient joints ensemble, car ils le peuvent être, sans se nuire, pourvû que le premier domine sur l'autre) *l'Honneur* est le seul qui nous rende sincérement *Vertueux*, car *l'Intérêt* ne fait que des *Hypocrites*, gens détestables, aussi propres à commettre *les crimes les plus noirs*, qu'à tromper les Hommes *par de fausses Vertus.*

CLÉONNIS, à *Aristomene.*

Scène 2, Page 15.

De l'un des Sénateurs, à nos yeux dérobée,
Aux mains des ennemis, la famille est tombée.
Si nous leur résistons tout son sang va couler.

Pense-tu qu'il consente à la voir immoler ?

L'inverſion des deux premiers Vers n'eſt pas bonne, mais le ſens des deux autres, a toute l'intelligence que l'on peut déſirer. M F. ne les avoit pas bien étudié, *quand il les a trouvé louches.* M. de Marmontel a fait une faute au dernier Vers. Cléonnis demande à Ariſtomene, *s'il penſe que ce Sénateur, dont les ennemis ont pris la famille, ſouffrira qu'ils la faſſent périr.* Ariſtomene n'étant pas inſtruit qu'il s'agiſſoit de ſa famille, ne pouvoit rien répondre de ſolide. Pouvoit-il deviner à quoi ce Sénateur ſe détermineroit ? Auſſi ſa réponſe n'eſt que conjecturale. Il auroit fallu que Cléonnis lui demandât : *Quel étoit le devoir de ce Sénateur, dans une ſi cruelle extrêmité ?* La même réponſe auroit convenu.

Lettre 12,
Page 326.

A R I S T O M E N E.

Le Sacrifice eſt grand. Comme vous j'en ſoûpire.
C'eſt un devoir cruel qu'on ne ſçauroit preſcrire.
De qui peut s'y réſoudre on ſent trop les combats,
Pour oſer condamner qui ne s'y réſout pas.
Ce qu'il en coûte à l'un ſert à l'autre d'excuſe.
Avec gloire on s'y rend, ſans honte on s'y refuſe.
Que je plains cet Epoux, ce Pere Citoyen,
Qui du bonheur Public ne peut faire le ſien !
Va-t'il trahir l'Etat, ou perdre ce qu'il aime ?
Quel eſt-il ?

Scéne 1,
Page 15.

Lettre 12,
Page 327.

Ces Vers font fort beaux, je ne comprends pas pourquoi M. F. dit : *Qu'ils font remplis d'Antithèfes ufées, obfcures & puérilles.*

Lettre 12,
Page 330.

M. F. reproche à M. de Marmontel, *de n'avoir pas rendu Ariftomene affez fenfible aux malheurs de fa famille, dans le moment qu'il en eft inftruit par Cléonnis.* Pour moi je fuis d'un avis tout oppofé. Je trouve qu'Ariftomene *agit en Héros.* On voit *qu'il eft Pere & Epoux,* mais qu'il fçait furmonter *la vivacité de fa douleur,* par *la force* que lui donne *fa Vertu.*

CLE'ONNIS, *à Dracon.*

Scène 3,
Page 17.

A ces traits connois-tu ce Héros qu'on renomme ?

DRACON.

Je ne découvre en lui qu'un Monftre ou qu'un grand Homme.
Mais crois-tu qu'il immole & le fang & l'amour
Aux lieux où le hazard permit qu'il vit le jour ?

Le verbe qui finit le premier Vers n'eft pas d'un bel ufage. Je trouve la penfée du fecond affez fade ; mais les deux derniers font bons, je n'y apperçois point les défauts dont parle M. F.

Lettre 12,
Page 328.

CLE'ONNIS, *à Dracon.*

Scène 3,
Page 18.

Connois ce Peuple, Ami. Plus le péril eft grand,

Et plus à ses soûtiens sa foiblesse se prend.
J'ai vû de son humeur les épreuves diverses.

Ces trois Vers valent peu de chose, mais la fin de cette Scêne est bien touchée.

Ce premier Acte est bien inférieur à celui de Denis le Tyran. Il y a quelques bons endroits, mais il y en a encore plus de médiocres.

ACTE II.

ARISTOMENE, *à Cléonnis.*

Scène 1;
Page 21.

De nos malheurs communs j'ai pris sur moi le faix.

Le faix des malheurs, n'est pas une expression bien choisie.

ARISTOMENE.

Scène 1;
Page 23.

J'apprends (quel coup de foudre à mon âme étonnée!)

Il faudroit *pour mon âme étonnée!*

ARSIRE, *à Aristomene, en parlant de Cléonnis.*

Scène 2;
Page 25.

Le Traître n'ose ici soûtenir mon approche.
Mais a-t'il soûtenu son crime & ton reproche?
S'est-il justifié?

ARISTOMENE.

Tu m'en vois interdit:
La vérité se peint dans tout ce qu'il m'a dit.

* La

* *Là vérité s'eft peinte en tout ce qu'il m'a dit.*

Voilà le feul défaut qu'il y ait dans ces quatre Vers. M. F. a crû y en appercevoir d'autres ; mais c'eft une erreur de fa part.

Lettre 12.
Page 331.

A R S I R E.

C'eft un piége nouveau pour ta crédulité.
En lui tout eft trompeur jufqu'à la vérité.

Scène 2.
Page 25.

* *La vérité n'eft qu'une, & ne trompe jamais.*

A R S I R E.

Dans l'âme des Héros quelle fatalité
Mêle à tant de grandeur tant de fimplicité ?

Scène 2.
Page 25.

On n'a jamais vû *la grandeur d'âme, & la fimplicité d'efprit,* réunies dans une même Perfonne, parce qu'elles font incompatibles. Le mot de *fimplicité* eft injurieux pour des Héros, car il veut dire, *imbécilité, petiteffe de génie,* & quelque chofe de plus.

A R S I R E.

Ariftomene, enfin la paix nous tend les bras.
A la néceffité ne te refufe pas.
Et fi de cette paix la Loi trop rigoureufe

Scène 4.
Page 27.

H

Offenſoit de ton cœur la fierté ſcrupuleuſe,
Penſe qu'il eſt des temps où tout doit ſe plier,
Et de grands intérêts qu'il faut concilier.

Je trouve dans M. F. une partialité inexcuſable. Il paſſe aſſez légé-gérement ſur pluſieurs endroits d'Ariſtomene, où il y a des fautes, & critique impitoyablement, ceux auxquels il eſt impoſſible de refuſer des éloges. Par éxemple, il déſapprouve les deux derniers Vers de cette Scêne, *comme vagues, & n'ayant de rapport à rien.* Pour ſon honneur il devoit ſe taire, ou parler avec plus d'équité. Les Spar-tiates ennemis d'Ariſtomene, envoyent un Député vers lui, pour lui offrir la paix. (du moins Arſire le croit, & la circonſtance l'au-toriſe à avoir une pareille idée.) Ce généreux Ami, conſeille à Ariſtomene de l'accepter, quand même les conditions en ſeroient peu favorables. *Il faut,* lui dit-il, *vous conformer au temps. Vous avez de grands intérêts à concilier.* Ce diſcours eſt très-prudent. L'Epouſe & le Fils d'Ariſtomene étoient entre les mains des Spartiates, un re-fus de ſa part les expoſoit à perdre la vie. Il étoit abſolument néceſ-faire qu'il fit la paix avec ſes ennemis, pour conſerver les jours de ſon Epouſe & de ſon Fils. M. F. pour faire adopter ſon injuſte opi-nion, a eu grand ſoin de retrancher les quatre premiers Vers, parce qu'ils en auroient découvert le faux & le ridicule. Il y pluſieurs autres endroits de ſa Critique, où il s'eſt ſervi du même artifice. Un pareil moyen eſt tout-à-fait contraire aux ſentimens de juſtice que l'on doit remarquer, chez ceux qui ſe mêlent de reprendre les erreurs dans leſquelles nous pouvons tomber.

Lettre 11.
Page 332.

LEONIDE, *à Euribate.*

Et ſoit notre conduite injuſte ou légitime,
Il ne vous convient pas d'oſer la nommer crime.

Scêne 6.
Page 30.

Il faudroit : *Et que notre conduite soit injuste ou légitime.*

ARISTOMENE, *à Arsire.*

Tu le sçais, j'adorois cette coupable Epouse ;
Cent fois de ses Vertus mon âme fut jalouse ;
Et mon crédule amour se laissoit aveugler
Jusqu'à me reprocher de ne pas l'égaler.

Scène 9.
Page 34.

M. F. condamne Aristomene, *de ce qu'il est jaloux des Vertus de son Epouse,* & moi je l'approuve. Rien n'est plus beau qu'une pareille jalousie. Bien loin d'être criminelle, c'est alors une grande Vertu. Plût au Ciel que tous les hommes fussent ainsi jaloux ! Le mérite deviendroit aussi commun, que l'est maintenant le vice.

Lettre 11.
Page 333.

ARISTOMENE, *seul.*

L'approche d'un Ami, d'un Epoux, d'un Amant,
Pour qui n'en est plus digne est un cruel tourment.

Scène 10.
Page 35.

M. F. s'imagine que le mot d'*Amant,* peut offrir une idée obscène. Il se trompe. Aristomene parle de son Epouse.

Lettre 12,
Page 334.

* *Parce qu'on est Epoux doit-on s'en aimer moins ?*

* *La qualité d'Amant est-elle alors un crime ?*

* *Non, puisque c'est l'Hymen qui la rend légitime.*

H ij

LE’ONIDE, *à Ariſtomene.*

Scène 11,
Page 35.

Cher Epoux, tes ſoupçons vont tous être effacés ;
Ton cœur & le Sénat m’en vengeront aſſés.

Il y a un peu d’obſcurité dans ce ſecond Vers. Pour en rendre le ſens plus intelligible, Léonide auroit dû ajouter, *comment elle ſera vengée des ſoupçons.* Avec quelque réfléxion, il n’eſt pas difficile de lire dans ſa penſée. Ariſtomene *la vengera de ſes ſoupçons,* en lui rendant ſa premiere eſtime, & le Sénat *la vengera des ſiens,* en reconnoiſſant ſon innocence, par un Jugement autentique. Mais comme une Tragédie n’eſt point une Enigme, on doit en bannir tout ce qui eſt obſcur ou embigu. *Les diſcours, les maximes, & les réfléxions, en doivent être clairs, ſolides, utiles, nobles, & proportionnés aux événemens dont il s’agit, aux caracteres des Perſonnages, aux mœurs du temps où l’Hiſtoire s’eſt paſſée, & au génie des Spectateurs.* J’en dirai davantage dans mes Régles ſur la Tragédie.

ARISTOMENE.

Scène 11,
Page 35.

Raſſurez mon amour : il vous attend, Madame.

LE’ONIDE.

Page 35.

Jè le mérite encor puiſque je le reclame.
Connois donc ma conduite & ton affreux Sénat.

Page 35.

Ce dernier Vers ne s’accorde point, avec celui où Léonide dit à ſon Epoux: *Que le Sénat la vengera des ſoupçons.*

LE'ONIDE.

Scène 11 ;
Page 36.

'Arbre est mon garant, pour mieux le renverser

Admis à ce complot, il sembloit l'embrasser.

» On l'attend, m'a-t'il dit, & sa perte est certaine.

» Coupable aux yeux de Sparte, & suspect à Messène ;

» L'une va le livrer comme un ambitieux,

» L'autre va le punir comme un séditieux.

Lettre 12 ;
Page 336.

M. F. trouve plusieurs défauts dans ces trois premiers Vers. Mon sentiment est qu'il n'y en a point. On dit *renverser un Empire, embrasser le parti de quelqu'un.* Je ne vois pas qu'il y ait plus de mal à dire, *renverser un complot, ou l'embrasser.* Cette façon de parler, n'est pas encore d'usage. N'importe, il y a commencement à tout. *Ce n'est pas la nouveauté d'une chose, qui doit la faire proscrire, lorsque d'ailleurs elle est bonne. On l'attend, m'a-t'il dit.* Cet hémistiche seroit équivoque, s'il n'étoit suivi d'aucune interprétation, mais le second hémistiche : *& sa perte est certaine,* avec les trois Vers qui sont après, font entendre clairement, *que ce n'est pas le complot qu'on attend, mais Aristomene.* Puisque M. F. prend la peine de censurer les Ouvrages des autres, il auroit dû faire en sorte, que les siens ne fussent point dignes de censure. Un peu plus d'équité dans ses jugemens, lui auroit épargné cette mortification.

LE'ONIDE, à Aristomene.

Scène 11 ;
Page 36.

Prends ma place, & crois voir un Héros, tes délices ;

Marchant sans défiance entre deux précipices,

Ici, ses ennemis, de la vengeance armés ;

Là, ses Concitoyens à sa perte animés ;

La Calomnie autour de son char de Victoire,

Dressant de toutes parts des piéges à sa Gloire ;

Le soupçon odieux, l'infâme trahison,

Aiguisant le poignard, préparant le poison.

Délices, au premier Vers, n'est point une expression convenable à l'idée que M. de Marmontel y attache. Les quatre derniers Vers sont trop Poëtiques. *Dans une Tragédie, ce sont les Personnages qui doivent parler, & non pas l'Auteur ; ainsi tous discours inutiles, ou trop recherchés, n'y doivent point avoir place, étant contraires à la situation où se trouvent les Personnages.*

Lettre sur l'Esprit, par M. de Voltaire, à la suite de Mérope, page 70.
Dans les Réfléxions sur la Tragédie, à la suite d'Aristomene, page 343.

LE'ONIDE, *à Aristomene*

Scêne 11 ;
Page 38.

Ici la trahison a marqué sa Victime.

Le Temple de nos Loix est le berceau du crime.

Il te menace, il régne, il n'a ni frein ni loi.

J'allois mettre un rempart entre Messène & toi :

Et préférant enfin des Tyrans à des Traîtres,

Te donner des Vengeurs, en lui donnant des Maîtres,

Sparte te rend Justice, & librement soûmis,

L'estime de ses Rois t'en eut fait des Amis.

Le second Vers est bien beau ; néanmoins il faut que M. de Marmontel ait la bonté de l'ôter, parce qu'il ne s'accorde point avec le troisiéme. *Le Temple des Loix, qui menace, qui régne, qui n'a ni frein ni Loi.* Cette façon de parler, a quelque chose qui déplaît. Le discours de Léonide est d'ailleurs excellent.

LE'ONIDE, *à Aristomene.*

Je ne connois que toi, je ne vis que pour toi.

Scène 11.
Page 39.

Un des plus grands défauts où un Poëte puisse tomber, c'est de faire rimer le premier hémistiche d'un Vers, avec le second.

LE'ONIDE, *à Aristomene.*

Oüi, j'aime mieux mourir coupable aux yeux de tous,
Pour avoir immolé Messène à mon Epoux,
Que de vivre adorée en Héroïne, en Reine,
Pour avoir immolé mon Epoux à Messène.

Le mot de *Reine*, est cité assez mal-à-propos ; celui de *Héroïne* suffisoit. Léonide n'auroit point été adorée, par rapport à son Rang, mais par rapport à ses Vertus.

LE'ONIDE, *à Aristomene.*

Le Ciel a dans mon âme épuisé ses bienfaits,
Moi, j'en sens tout le prix, c'est pour moi qu'ils sont faits.

Scène 11.
Page 39.

Le mot de *moi*, qui commence le second Vers, y fait un fort mauvais effet. Il faut que M. de Marmontel ait la bonté de l'ôter, pour mettre :

Le Ciel a dans mon âme épuisé ses bienfaits,
J'en ressens tout le prix, c'est pour moi qu'ils sont faits.

ARISTOMENE.

Scène 11,
Page 40.   *Mais le Sénat. . . . . . .*

M. F. croit appercevoir dans ce discours, une crainte lâche &
servile, par conséquent indigne d'un Héros. La crainte d'Aristomene ne me paroît point blâmable. Il aime son Epouse, & redoute
pour elle la fureur *d'un injuste Sénat.* Ce n'est point par bassesse d'âme
qu'il craint, mais par amour.

ROGER.

De l'Opéra
de Bradaman-
te.
Acte 3,
Scène I.   *Au plus grand des Héros il est permis de craindre,*
Quand il craint pour l'Objet qui cause son ardeur.

Ce second Acte vaut beaucoup mieux que le premier. La Poësie
en est plus noble, & plus touchante. Les Scênes, 4, 5, 7, 9, 10,
sont d'une beauté digne d'un Eléve de M. de Voltaire.

ACTE III.

ARSIRE, *à Cléonnis, en parlant d'Euribate.*

D'*UN ennemi content, voilà bien le langage !*

Scène 1.
Page 43.

M. F. trouve à redire qu'Euribate soit traité d'*Ennemi*, parce qu'il est venu, dit-il, à Meisène, en qualité d'Ami.

Lettre 11,
Page 341.

L'Envoyé d'une Nation avec laquelle on est en guerre, (car une treve ne fait que la suspendre) est *un ennemi*, lorsqu'il ne vient point négocier la paix. On ne peut point néanmoins lui faire de peine, parce que ce seroit manquer au droit sacré & inviolable des Personnes. Euribate étoit-il devenu l'*ami* de la République de Meisène, à cause qu'il avoit ramené à Aristomene son Epouse & son Fils ? Joint à cela, Arsire qui surprend Euribate, en conférence secrette avec Cléonnis, dont il connoît la perfidie, n'a-t'il pas raison de le regarder comme *un véritable ennemi*, qui médite quelque dessein funeste ? Il ignoroit pour lors la droiture de ses sentimens, comme lui ne sçavoit point la perversité de ceux de Cléonnis. C'est pourquoi il répond aux reproches qu'Arsire lui fait de parler à un tel homme.

EURIBATE.

Arsire, sçachez donc pour l'honneur de mes Maîtres,
Que plus que vous encor nous méprisons les traîtres,

Scène 2.
Page 41.

I

Et qu'en lui je n'ai vû pendant cet entretien,
Qu'un Ami plein de zéle, & qu'un bon Citoyen.

ARSIRE, *à Cléonnis.*

Scène 3.
Page 43.

Crois moi, quitte le masque, & parle à découvert.

Quitter le masque, n'est point une façon de parler qui soit bien bonne. Il faudroit que M. de Marmontel eut la bonté de l'ôter pour en mettre une autre. *Parler à découvert*, n'est point une faute.

Lettre 11.
Page 341.

ARSIRE, *à Cléonnis.*

Scène 3.
Page 43.

Tu charges tes Amis de cette perfidie :
Ils la trament sans toi, mais seul tu l'as ourdie.
Apprends donc qu'avec eux ma fureur te confond,
Et que de leurs complots ta tête me répond.

Ourdir, est un ancien verbe qui n'est plus d'usage ; cependant à l'occasion où il est employé, on peut le tolérer. Confond, ne présente point un sens équivoque, comme M. F. voudroit le faire accroire.

Lettre 11.
Page 341.

ARISTOMENE.

Scène 4.
Page 4.

Amis, que ce moment me trouble & m'épouvante !
La Loi livre au Sénat ma famille innocente.
Léonide le hait, & va par ses hauteurs

Aigrir encor l'orgueil de mes perfécuteurs.
Arfire, garde-toi d'imiter fon audace.
Pour l'innocence même il faut demander grace.
Sa défenfe a befoin d'une tremblante voix,
Et fes pleurs, fur nos fens, font plus forts que fes droits.

Je ne fçai à quoi *M.* de Marmontel penfoit, lorfqu'il a fait ces trois derniers Vers. Quoique j'aye dit : *Qu'un Héros pouvoit crain-* *dre, quand les Perfonnes qu'il aime font en danger*, je n'ai point ap- prouvé pour cela, *une crainte qui pût avilir la dignité de fon carac-* *tere.* Au contraire, je l'ai condamné expreffément. M. de Mar- montel auroit dû faire parler Ariftomene, avec cette généreufe fer- meté, que Leuxis & Léonide témoignerent, quand ils parurent de- vant le Sénat pour être jugés. Ils n'eurent point recours aux larmes & aux fupplications, mais ils fe défendirent avec la noble affurance, que doivent avoir les Perfonnes dont la conduite eft éxempte de tout reproche.

Scène 6 & 7.

CLÉONNIS, *à Ariftomene.*

Veux-tu m'en croire, Ami ? La Loi nous eft contraire,
Le Sénat t'eft fufpect, ofe donc t'y fouftraire.
Préviens. . . . . . .

Scène 4,
Page 45.

ARSIRE.

Non. C'eft à lui fidéle à fon devoir,
D'attendre l'injuftice, & non de la prévoir,
Il n'eft devoir fi faint qu'ici l'on n'ofe enfreindre,
Les Méchans fçavent trop qu'ils font les feuls à craindre.

Qu'ils tremblent cependant avant de le flétrir ;
Il a de vrais Amis ; & nous sçavons mourir.

A la fin du quatriéme Vers, il falloit le verbe *prévenir*, & non pas *prévoir*. La pensée du sixiéme n'est pas juste. *Les Mechans ne font pas les seuls à craindre. Au contraire, ils ont sans cesse tout à craindre, tant du Ciel que des Hommes. Scelestum non deserit pœna.*

Ex libro 4.
Phædri Fabu-
larum, Fabula
9.

ARISTOMENE, à Arsire.

Scène 4.
Page 45.

Epargne à ma douleur ces funestes augures.

Lettre 12.
Page 342.

Je ne vois pas qu'il y ait de faute à mettre *augures* au plurier, puisqu'on y met *présages*, qui veulent dire la même chose.

ARISTOMENE.

Scène 4.
Page 45.

A ma gloire, en un mot, il faut le sceau des Loix,
L'innocence accusée a besoin de leur voix.

Aristomene n'étoit point regardé comme complice, du prétendu crime de son Epouse & de son Fils, ainsi qu'ils fussent condamnés, ou qu'ils fussent absous, cela n'importoit en rien à sa gloire ; il n'y avoit que la nature & l'amour qui pussent en souffrir. *Toutes fautes font personnelles ; la honte n'en reste qu'à ceux qui les ont commises.* La pensée du second Vers, n'est pas meilleure que celle du pre-

mier. Eſt-ce un Arrêt qui rend coupable ou innocent ? Combien
voit-on de coupables abſous, & d'innocens condamnés ? Les uns
& les autres n'en ſont pas moins ce qu'ils ſont , malgré les Jugemens qu'on a prononcé pour ou contre eux. *Ce ſont nos actions ſeu-
les, qui nous honnorent, ou qui nous flétriſſent, & non pas la déciſion
des Juges.*

LE'ONIDE, *à Cléonnis.*

> *Vous voulez donc me forcèr à répondre ?*
> *Hé bien, levez les yeux, interrogez ces murs.*
> *Ils ont été témoins de ces conſeils obſcurs ,*
> *Où la voix de la haine , & le cri de l'envie,*
> *Du Vengeur de l'Etat ont attaqué la vie;*
> *Des piéges qu'on lui tend ils ont vû le tiſſu.*
> *C'eſt dans ce Sanctuaire enfin que fut conçû*
> *Le deſſein de livrer votre Dieu tutelaire,*
> *Aux Tyrans dont pour vous il bravoit la colere.*
> *Il ne comprit jamais , Vertueux ſans efforts ,*
> *Qu'on fut ingrat ſans honte , & traître ſans remords;*
> *Et ſon intégrité , trop ſimple & trop crédule ,*
> *Dort au bruit des complots que le crime accumule.*
> *Mais ſur lui, mais ſur vous mes yeux étoient ouverts.*
> *J'ai vû qu'il ſe perdoit s'il eût briſé vos fers ;*
> *J'ai vû qu'il réchauffoit les Serpens de l'envie.*
> *Je l'aime : j'ai voulu mettre à couvert ſa vie ;*
> *Et forcer à reprendre & le joug & le frein*
> *Des Monſtres contre lui déchaînés par ſa main.*

Scène 7.
Page 50.

Interroger des murs, n'eft pas une façon de parler bien bonne. Des murs font des êtres inanimés, incapables par conféquent d'entendre des difcours qu'on leur adrefferoit, & d'y répondre. Les Vers quatriéme & cinquiéme n'ont point le défaut que M. F. croit y voir.

Au dixiéme Vers, *Vertueux fans efforts*, me déplaît. *La véritable Vertu, ne gêne point ceux qui en fuivent les maximes ; il n'y a que la fauffe, qui caufe de l'embarras aux Hypocrites, parce qu'ils appréhendent toujours qu'on ne les reconnoiffe pour ce qu'ils font.*

Lettre 12, Page 341.

Intégrité, fimple & crédule, ne convient point à la place qu'elle occupe. On ne dit point *l'intégrité d'un Héros*. Elle fe dit d'un Magiftrat, qui remplit fes fonctions avec honneur. Le mot de *fimple*, eft ironique, & ne peut jamais avoir une fignification favorable. *Crédule* n'eft gueres compatible avec *intégrité. Dormir au bruit des complots* Une émotion populaire fait beaucoup de bruit, mais les complots fe trament dans le plus grand filence.

Vers 12.

Vers 13.

Mais fur lui, mais fur vous mes yeux étoient ouverts.

* *Mais fur vous & fur lui mes yeux étoient ouverts.*

Réchauffer les Serpens de l'envie, eft une façon de parler poétique ; j'ai dit ci-devant ce qui eft néceffaire à ce fujet. Le fens des deux derniers Vers ne s'entend qu'avec peine, ils auroient befoin d'être retournés d'une maniere plus intelligible, & même plus noble.

X A N T I P E, *en parlant de Léonide.*

Scéne 8, Page 52.

Sénat, quel eft fon crime ? Un amour refpectable,
Qui devroit fur la Terre être déifié.

On n'a jamais déifié les *Vertus* ni les *Paffions*, *à moins qu'elles ne foient perfonnifiées*, dit M. F. J'en conviens avec lui. Mais fi Léonide eût été mife au Rang *des Déeffes*, n'auroit-ce pas été par rapport à fon *Amour* pour Ariftomene ? Ainfi ç'auroit été cet *Amour*, qu'à proprement parler, on auroit *déifié*.

Lettre 11,
Page 3 5.

A R S I R E.

Le Protecteur des Loix doit en être excepté.

Scène 8,
Page 5 3.

Cette penfée n'eft pas équitable. Dracon y fait une réponfe très-jufte & très-folide.

D R A C O N.

Nous, fouffrir que des Loix un Sénateur s'excepte !
Quel Citoyen dès-lors veut-on qui les accepte ?
Les Loix font un fardeau. Pour le rendre léger
En l'impofant au Peuple il faut le partager.
Point d'égard. Qu'un éxemple à jamais mémorable,
Soit de leur Sainteté la bafe inébranlable.
Tout doit leur obéir, & même leur Auteur.
C'eft en s'y foûmettant qu'on en eft Protecteur ;
Et plus de leur rigueur la Victime eft illuftre,
Plus fur leur Tribunal fon fang jette de luftre.

C L E'O N N I S, *à Euribate.*

»*On ne nous a point vûs, d'une main indocile,*

Scène 9,
Page 5 4.

» *Secouer les flambeaux de la guerre civile,*
» *Et sous le faux appas d'un plan de liberté,*
» *Jetter les fondemens de notre autorité.*
   Mais nous cédons au temps. Le Peuple nous éléve,
   De ses naissantes Loix il nous remet le glaive.

Lettre 12,
Page 146,

   Un plan de liberté ne peut point se dire. *Le Peuple nous éléve,*
peut passer ; parce que le Vers qui suit, en découvre le sens.

EURIBATE, *à Aristomene.*

Scène 10,
Page 56.

   Loin de vous, croyez-moi, ce farouche Héroïsme
   Qui pousse la Vertu jusques au fanatisme.

   Le mot de *fanatisme,* ne convient point dans une Tragédie. Il
falloit mettre à sa place, *barbarie, fureur, cruauté.*

D'RACON.

Scène 11,
Page 59.

   Je sçai d'Aristomene, où s'étend le crédit ;
   Mais loin de m'effrayer, son pouvoir m'enhardit.

Acte 5,
Scène 1,
Page 64,

   Enhardir est un verbe bas & trivial ; je l'ai déja condamné dans
Denis le Tyran.

CLE'ONNIS,

CLE'ONNIS, *prononçant l'Arrêt.*

Léonide & Leuxis, criminels & complices,
Perdront tous deux la vie au milieu des supplices.

La conſtruction de cet Arrêt n'eſt point du tout réguliére. On voit bien que M. de Marmontel n'eſt pas encore au fait du langage de Thémis. Que veut dire *complices* au plurier ? Lorſqu'il n'y a que *deux coupables*, le nombre des *complices* ne peut être que *d'un*. En mettant *criminels*, il falloit mettre de quoi. Tout Jugement doit exprimer *le crime* dont il ordonne *la punition*. Le genre de *supplice* n'y eſt point non plus annoncé. Il étoit pourtant néceſſaire qu'il le fut. Voici un autre Arrêt de ma façon, plus conforme aux régles.

CLE'ONNIS.

Léonide & Leuxis, traîtres à leur Patrie,
Deſſus un échaffaut perdront tous deux la vie.

Par le mot *d'échaffaut*, on entend tout d'un coup, qu'ils ſont condamnés à être *décapités*.

Il y a bien du bon dans ce troiſiéme Acte ; je ne le trouve point inférieur au ſecond.

ACTE IV.

ARSIRE, *en parlant des ennemis d'Aristomene.*

Scène 2,
Page 64,

*S*Erpens contagieux ; il faut les écraser.

La pensée de ce Vers est bonne ; mais les expressions ne le font pas.

ARISTOMENE.

Scène 2,
Page 64,

Qui, moi, léur meurtrier !

ARSIRE.

Est-ce ainsi que tu nommes
Le Ministre des Dieux, & le Vengeur des Hommes ?
Quand pour juger le crime il reste un Tribunal,
Le punir, c'est des Loix devenir le Rival.
C'est usurper leurs droits. Mais lorsque la licence,
Des mains de la Justice arrache la puissance,
Que la force peut seule en arrêter le cours,
Que la Vertu contre elle attend notre secours,
C'est trahir l'Univers qu'épargner qui l'opprime.

La Grece adore enfin ce que tu nomme crime.
Hercule, la terreur & l'amour des Mortels,
Par de tels attentats mérita nos Autels.
Destructeur des Méchans, sois le Dieu de Messène.

Si M. F. avoit été moins prévenu contre M. de Marmontel lors-qu'il a lû ces Vers, le sens ne lui en auroit pas semblé inintelligible. Je ne suis pas Devin plus que lui, & néanmoins je l'ai compris avec la plus grande facilité. Ce qui me procure tant de conception, vient sans doute d'un avantage que j'ai, & qui n'est pas fort commun parmi les Hommes, surtout parmi ceux qui cultivent les Sciences. C'est que je prends autant de plaisir à loüer & à entendre loüer les Per-sonnes qui en sont dignes, que j'en prendrois à m'entendre loüer, si le Ciel permettoit qu'un tel honneur m'arrivât. Car ce plaisir, bien loin d'être défendu, n'a rien que de fort légitime, & Dieu l'a formellement autorisé.

Lettre 12,
Page 348.

* *Lorsqu'on aime la Gloire on aime la Vertu.*

Il n'y a que les Hommes adonnés au mal, qui puissent haïr ou mé-primer *la Gloire*. Encore ne la méprisent-ils pas sincérement, ce n'est qu'une feinte de leur part, afin de pouvoir se rendre excusables, de ne point faire ce qu'il faut pour l'obtenir.

XANTIPE.

D'une Epouse & d'un Fils, s'il faut que l'un s'immole,

Scène 3,
Page 67.

De sa perte du moins que l'autre le console.

Il falloit *soit immolé.*

ARISTOMENE.

Scène 3,
Page 68.

*O noirceur éxécrable ! on veut que je choisisse
D'une Epouse ou d'un Fils qui j'envoye au supplice !*

Le second Vers n'est pas bien tourné, il falloit :

* *Mon Epouse ou mon Fils pour livrer au supplice !*

ARISTOMENE.

Scène 4,
Page 69.

*De Messène, en mon Fils, je crois voir l'espérance,
Et l'âme d'un Héros qu'embellit l'innocence.*

Le verbe *croire*, à la place où M. de Marmontel l'a mis, marque une incertitude. Puisqu'Aristomene fait l'éloge de son Fils, il doit en parler affirmativement. On dit *l'innocence d'un accusé*, lorsqu'il n'est point coupable ; mais c'est faire injure à un Héros, que de dire, *l'innocence de son âme.* C'est lui donner la qualité *d'imbécile.*

LEUXIS.

Scène 5,
Page 71.

A la mort de sa Mere un Fils peut-il survivre !

On ne dit point *survivre à la mort de quelqu'un*, mais fimple-
ment *lui furvivre*. Le fond de la penfée n'eft pas jufte non plus.
Quelque bon caractere que puiffent avoir les enfans, ils fe confolent
au bout d'un temps, de la perte de leurs Peres & Meres. Le Ciel
permet, afin que la race des Hommes ne s'éteigne pas entierement,
qu'après s'être livrés aux juftes mouvemens de la Nature, leur douleur s'appaife, quoiqu'on a beaucoup d'éxemples d'enfans qui en
font morts.

Ce quatriéme Acte ne déroge point au fecond, & au troifiéme;
néanmoins quelques endroits en font foibles.

ACTE V.

ARSIRE, à *Léonide.*

Scène 2,
Page 80.

NOn, l'avenir jamais ne pourra nous en croire.

Nous en croire, donneroit à penser qu'Arsire se flatte qu'il pourra faire le récit de cet événement aux siecles futurs. Arsire apparemment espéroit devenir immortel. Il faudroit mettre:

Non, jamais l'avenir ne voudra point le croire.

ARSIRE.

Scène 2,
Page 80.

»*Venez-vous renverser les murs de vos Ayeux ?*
»*Egorger vos Parens dans le sein de vos Dieux ?*

Lettre 12,
Page 350.

Quoiqu'Aristomene ne fut pas dans un Temple, lorsqu'il parloit ainsi à son Armée son discours n'en est pas moins juste. *Egorger ses Parens* au milieu de leur Patrie, c'est *les égorger* dans le sein de leurs Dieux. Tout le Monde n'est-il pas un Temple pour la Divinité ?

LE'ONIDE, à *Aristomene.*

Scène 3,
Page 80.

Viens, cher Epoux, mon cœur est ton premier Autel;

Et si tant de Vertu doit obtenir un Temple,
Ton Epouse, à la Terre aura donné l'éxemple.

Ces Vers ne sont point du goût de M. F. pour moi je les trouve fort beaux.   Lettre 12, Page 351.

ARISTOMENE.

J'ai vû mes Lieutenans, leurs redoutables Guides,   Scène 3, Page 82.
Des travaux d'un Ami Compagnons intrépides,
Marchant sur des glacis de leur sang arrosés,
Présenter à la mort leurs fronts cicatrisés.
Quel objet plus touchant pour un Guerrier sensible !
J'ai dû leur opposer un obstacle invincible :

Au troisiéme Vers, le mot de *glacis* est une faute. Le *glacis* est la pente douce, des terres qui forment le parapet du chemin couvert d'une Ville fortifiée ; il sert à le mettre à l'abri des insultes des Assié-geans, parce qu'il fait face à la campagne. Du temps d'Aristomene, on ne connoissoit point ces sortes de défences. M. F. s'est trompé   Lettre 12 Page 351. lorsqu'il a critiqué le dernier Vers. Aristomene en feignant de vou-loir ôter la vie à son Fils, étoit sûr d'arrêter la fureur de son Armée, puisqu'elle n'avoit pris les armes que pour l'arracher à la mort, en menaçant de la lui donner, si elle ne les quittoit, on ne pouvoit point douter qu'elle n'obéït sur le champ.

LE'ONIDE, *à Aristomene.*

Quel ingrat Citoyen, quel Ennemi farouche,   Scène 3. Page 82.
Heureux par tes bienfaits n'en seroient pas remplis !

Dans le dernier Vers, il y a deux fautes. M. de Marmontel met un nombre plurier, pour un singulier. *Remplis*, n'exprime pas bien sa pensée; *reconnoiſſans*, convenoit mieux.

CLE'ONNIS, *à Ariſtomene.*

Scène 4,
Page 84.

Encore un pas, Seigneur, vous n'avez plus d'obſtacle.

[Lettre 12;
Page 352.

M. F. a tort lorſqu'il dit, qu'il ne comprend pas le ſens de ce Vers; c'eſt qu'il ne veut pas le comprendre; car les Vers qui ſont auparavant, & ceux qui ſont après, en rendent l'intelligence très-facile.

LE'ONIDE, *à Ariſtomene, en parlant de Leuxis.*

Scène 5,
Page 88.

Vis pour le rendre juſte, ou va l'aſſaſſiner.
Je te pardonne tout, hors de l'abandonner.

Aſſaſſiner, eſt une expreſſion trop dure dans la bouche de Léonide. Pour le ſecond Vers, il eſt ſans défauts.

ARSIRE, *au Sénat.*

»*Sous vos yeux ces traîtres égorgés,*

Scène 6,
Page 89.

»*S'ils laiſſoient leurs pareils auroient été vangés.*

Ces deux Vers me paroiſſent un peu obſcurs.

ARSIRE.

ARSIRE.

» *Du devoir il est beau de ne jamais sortir,*
» *Mais plus beau d'y rentrer avec le repentir.*

Scène 6.
page 90.

La pensée de ces deux Vers est fort belle, & je la trouve bien exprimée. *Avec le repentir*, n'est point une cheville, comme M. F. le dit. Cet hémistiche sert à donner un sens fini, à la maxime que nous apprennent ces Vers; & sans lui elle auroit été imparfaite. Après qu'on a manqué à son *devoir*, il ne suffit pas d'y rentrer seulement; parce qu'un tel retour, n'est quelquefois causé, que par la crainte d'être puni, ou par l'espoir d'une récompense, & alors le cœur reste toujours enclin à la trahison, & à la perfidie, mais il faut y rentrer *avec le repentir*, c'est-à-dire, *par amour de la Vertu*, & avec une résolution ferme, & constante, d'y demeurer à jamais fidèle.

Lettre 12.
Page 311.

Ce cinquième Acte a des endroits touchans, mais il n'est pas de la force dont il devroit être.

L

OBSERVATIONS

SUR TOUTE CETTE TRAGE'DIE.

TOUS les Ouvrages des Grands Hommes n'ont
pas le même mérite ; c'eſt un dégré de perfection
auquel il n'y a que la Divinité ſeule qui puiſſe atteindre.
Denis le Tyran, malgré ſes défauts, eſt bien ſupérieur
à Ariſtomene, tant du côté de la Poëſie, que du côté
des Sujets. La Poëſie en eſt bien plus noble, les penſées
plus choiſies, les ſentimens plus élevés. Il y a quelques
bons morceaux dans Ariſtomene, mais cette Piéce toute
entiere, ne vaut pas deux Actes de Denis. Du côté des
Sujets, la même différence s'y trouve. Celui de Denis
eſt véritablement tragique. M. de Marmontel l'a re-
tourné, il eſt vrai, comme il lui a plû ; c'eſt une faute
intolérable, dont j'ai pris la liberté de le cenſurer ; mais
du moins, eſt-il quelqu'ombre de vérité, dans la fin
malheureuſe de ce Prince. Aucun des Perſonnages n'eſt
fictif ; tous ont exiſté, & ont eu le caractere ſous lequel
il les fait paroître. Ariſtomene n'étoit d'aucune maniere,
un Sujet propre à faire une Tragédie ; il auroit été plus
convenable pour une Comédie Héroïque. Ce qui me
plaît le mieux dans cette Piéce, c'eſt l'amour de la Patrie, que M. de Marmontel a traité en bon Citoyen, &

en Homme de mérite, tel qu'il eſt. Parce que cette Vertu a déja paru ſur le Théâtre, dans pluſieurs Tragédies, M. F. trouve mauvais que M. de Marmontel l'ait inférée dans les ſiennes. Si M. F. avoit réfléchi avant que d'écrire, il n'auroit point tenu un pareil langage. Il étoit abſolument néceſſaire, que l'amour de la Patrie dominât dans Denis le Tyran, & dans Ariſtomene, les caracteres des principaux Perſonnages y étant portés. Un Poëte Tragique doit ſoûmettre ſon génie, aux Sujets des Piéces qu'il compoſe, & non pas les arranger ſuivant les ſentimens, pour leſquels il a le plus d'inclination, à moins qu'ils ne puiſſent s'y accorder. Excepté l'amour de la Patrie, qui animoit effectivement Ariſtomene, tout le reſte de cette Tragédie, n'a pas la moindre reſſemblance avec la vérité de ſon Hiſtoire. M. de Marmontel a imaginé des événemens, qui ſont encore moins pardonnables que ceux de Denis le Tyran, où il ne fait parler que des Perſonnages réels, & ſuivant les caracteres qui leur appartiennent; au lieu que dans Ariſtomene, tout y eſt ſuppoſé, & les faits de l'Hiſtoire, & les Perſonnages. Je ne m'étendrai pas pour le préſent, en de plus longues diſſertations; comme je dois donner dans quelque temps, un Traité des Régles de tous les divers Ouvrages de Poëſie, M. de Marmontel y trouvera, de quoi le convaincre de la ſolidité de mes raiſons, & combien les Auteurs Dramatiques ſe ſont éloigné, & s'éloignent ſans ceſſe, du chemin qu'ils devroient tenir, pour arriver à la perfection de leur Art. Je le prie d'être perſuadé, que les remontrances que je prends la liberté de lui faire, viennent de

Lettre II. Page 321.

l'affection que je porte à tous les Sçavans , & furtout
à lui en particulier. Sa Gloire m'intéreffe , & bien loin
d'être jaloux de fon éclat, plus je le verrai croître ,
& plus j'en reffentirai de plaifir.

APPROBATION.

J'AI lû , par ordre de Monfeigneur le Chancelier , un Manuf-
crit qui a pour Titre : *La Critique de Denis le Tyran , &*
d'Ariftomene , & je n'y ai rien trouvé , &c. Fait à Paris , ce 23
Juin 1750. DE CAHUSAC.

LA CRITIQUE
DE CLEOPATRE.

ACTE I.

CESARION.

Et comment mériter l'éclat de ma naiſſance ?
L'infortune m'aſſiége au ſortir de l'enfance.
Ai-je pû faire un pas vers ce ſublime Rang,
Où mon Pere m'appelle, où me guide ſon Sang ?
Je ſuis Fils de Céſar, & pour tout héritage,
Je n'ai plus que la mort, ou l'aſſreux eſclavage !
Antoine au déſeſpoir, ce Peuple conſterné,
De Vaiſſeaux ennemis ce Port environné,
Autour de ces remparts une innombrable armée,
Aux fureurs de l'aſſaut par Octave animée :
Quel ſpectacle pour moi ! Quel horrible avenir !

Scène 1.
Page 4.

La penſée de M. de Marmontel n'eſt pas juſte.

* *Bien loin que les malheurs puissent nuire à la Gloire;*
* *Souvent on n'y parvient que par leurs longs travaux;*
* *Quelquesfois le hazard procure la Victoire,*
* *Mais c'est dans les malheurs qu'on voit les vrais Héros.*

Pour bien comprendre ce que veulent dire mes quatre Vers, il faut sçavoir que mon sentiment *sur le Titre de Héros*, est bien éloigné de celui de la plûpart des Hommes. Selon eux, dès qu'on a donné des preuves d'une grande Valeur, qui souvent a pour base la témérité, & l'amour du carnage, fut-on d'ailleurs un parfait Scélérat, on mérite les plus rares Eloges, & la Gloire la plus éclatante. Et selon moi, *le Titre de Héros* ne convient, qu'à celui qui, outre la Valeur, possede toutes les autres Vertus, à un éminent dégré. Je crois qu'il ne faut consulter que la raison, pour sentir la solidité de ce que j'avance, & combien l'opinion commune est indécente, & contraire aux principes d'équité, sur lesquels tous les Hommes devroient régler leur conduite. Césarion pouvoit, au milieu des plus cruels revers, s'acquérir plus de Gloire, en les supportant avec une noble constance, qui ne se démentit point, qu'Octave son ennemi dans le grand nombre de ses triomphes.

Vers sur la Tragédie d'Alzire, par M...

Le cœur fait le Héros, & non pas la Victoire.

Il n'étoit pas besoin pour cela, qu'il eût fait paroître son courage à la tête d'une Armée. Dans telle occasion que l'Homme signale la noblesse de son Ame, on ne peut point lui refuser *le Titre de Héros*.

CESARION.

Scène 1;
Page 5.

C'est en Fils de César que je sens l'infortune,

Un

Un beau trépas couronne une Gloire commune.

Mourir sur un rempart, les armes à la main,

C'est assez pour un Prince, assez pour un Romain.

Mais le fils de César voir borner sa carriere

Dans la foule des Rois esclaves de son Pere !

C'est au Thrône du Monde où je devois mourir,

Dieux ! ouvrez-m'en la route, on m'y verra courir.

Que j'y régne un instant, & dans le Capitole,

Le Diadême au front, je consens qu'on m'immole.

M. de Marmontel a eu dessein de répréfenter un Héros, dans la Perfonne de Céfarion ; mais par malheur les difcours qu'il met dans fa bouche, ne font point convenables à la dignité de ce caractere.

On remarque chez ce Prince, un défir infenfé de parvenir à un Rang illuftre, fans travailler à s'en rendre digne.

Le véritable Héros ne courre point après les Honneurs, il fe contente de les accepter avec beaucoup de modeftie, lorfqu'on les lui décerne, & jamais on ne lui entend dire qu'ils lui foient dûs.

CESARION.

Un beau trépas couronne une Gloire commune.

Céfarion croyoit-il que fa mémoire auroit été flétrie, s'il fut mort les armes à la main ? Il fe trompoit. Ce feroit une tache pour un Gé-néral, parce qu'il ne doit point expofer fa vie, fans une extrême né-ceffité ; mais il n'étoit point dans ce cas. D'ailleurs, qui l'obligeoit à combattre ? Octave ne fe refufoit point à un accommodement ho-norable.

M

CESARION.

Mais le Fils de Céfar voir borner fa carriere
Dans la foule des Rois efclaves de fon Pere !

Des Rois efclaves de Céfar ? Cette façon de parler méprifante,
me déplaît infiniement. Il eft vrai qu'alors les Rois vaincus étoient
réduits à cette trifte condition, comme les derniers de leurs Sujets,
Cependant M. de Marmontel pouvoit, par refpect pour leur Dignité, s'expliquer en termes plus doux, & dire :

Mais le Fils de Céfar voir borner fa carriere
Dans la foule des Rois fubjugués par fon Pere !

CESARION.

C'eft au Thrône du Monde où je devois mourir,
Dieux ! ouvrez-m'en la route, on m'y verra courrir :
Que j'y régne un inftant, & dans le Capitole,
Le Diadéme au front, je confens qu'on m'immole.

Ce difcours feroit mieux placé, dans la bouche du *Miles Glorio-*
fus de Térence, que dans celle du fils de Céfar.

Il n'y a qu'un Héros, ou qu'un Scélérat, qui puiffe défirer de monter
fur le Thrône. Le premier par Vertu, afin d'être en état de rendre
tous les hommes heureux, par les fages Loix qu'il établiroit ; le fecond, afin de joüir des honneurs qui y font attachés, & de pouvoir contenter fes injuftes défirs, fans avoir à craindre que Perfonne l'en puniffe.

Céfarion ne dit pas qu'il voudroit occuper le Thrône du Monde, dans le deffein de remplir les devoirs d'une Place fi importante, au contraire, on s'apperçoit qu'il ne la fouhaite, que pour fatisfaire fa folle ambition. *Un vrai Héros ne penfe point ainfi.*

CLEOPATRE.

Au fortir de Pharfale, aux pieds de nos Autels,
Céfar forma des nœuds qu'il croyoit immortels.

Les *nœuds* de l'Hymen, de Céfar & de Cléopâtre, ne pouvoient point être *immortels*, n'étant point des Divinités.

VENTIDIUS.

Pardonnez, je cherchois Antoine.

CLEOPATRE.

Il va venir.
Sans détour cependant puis-je t'entretenir ?

VENTIDIUS.

Madame, un vieux Soldat farde mal fa penfée,
Et l'oreille des Rois eft aifément bleffée.

Sans détour, au fecond Vers, me paroît fort inutile, car il ne fe rapporte à rien, dans le difcours où M. de Marmontel lui donne

Scène 1,
Page 6.

Scène 2,
Page 9.

place. La réponse de Ventidius est bonne dans son sens, mais les deux Vers qui l'expriment valent peu de chose. Dans une Tragédie, un morceau ne doit pas démentir un autre ; le tout doit être d'une beauté parfaite : La médiocrité y est un crime.

VENTIDIUS.

Scène 2 ;
Page 12.

Cet Astre de la Paix, des Vertus & des Loix.

Paix & *Loix* riment ensemble, ce qui est un défaut considérable. En Poësie, non seulement la fin des deux hémistiches d'un Vers héxametre ou pentametre, doit être toujours de son tout-à-fait différent, mais même c'est qu'on doit faire ensorte, que tous les mots qui composent un Vers, de telle mesure qu'il soit, n'ayent aucun rapport de son, les uns avec les autres ; quoiqu'au reste je conviens qu'il est certains cas, où le Poëte est forcé de mettre dans un Vers deux mots d'un son pareil, mais alors on s'apperçoit que cet inconvénient étoit inévitable. La chose m'est arrivée à moi-même plusieurs fois ; mais non pas à la fin des deux hémistiches, parce que cela ne doit jamais être souffert.

CLEOPATRE.

Scène 2 ;
Page 12.

Du crime des Destins pourquoi me faire un crime ?
S'ils poursuivent Antoine, & si Rome l'opprime,
A qui s'en prendre ? Il m'aime ; & ne le doit-il pas ?

On ne doit point répéter le même mot, ni en Poësie, ni en Prose, qu'à des distances éloignées, à moins qu'il ne le faille absolument. M. de Marmontel n'a point été dans ce cas, en composant le pre-

mier Vers. Il n'y auroit point inféré deux fois le mot de *crime*, s'il
eut mis :

Des rigueurs du Deſtin pourquoi me faire un crime ?
S'il perſécute Antoine, & ſi Rome l'opprime,
A qui s'en prendre ? Il m'aime, & ne le doit-il pas ?

VENTIDIUS.

Jamais homme ne fut moins facile à connoître,
Plus heureux, plus puiſſant, & moins digne de l'être :
Vain, ſoupçonneux, cruel, d'autant plus dangereux
Qu'il paroît au dehors juſte, humain, généreux.
Sans valeur, ſans talens, excepté l'artifice,
Colorant ſes fureurs des traits de la Juſtice,
Ami des trahiſons, ennemi des combats,
Et jaloux à l'excès des Vertus qu'il n'a pas :
Voilà quel eſt Octave.

*　　　　　　* A ce portrait horrible,*
* *Je ne reconnois point ce Héros invincible.*
* *Quant au mal qu'il a fait, il ſçut, par ſes Vertus,*
* *Le réparer ſi bien qu'on ne s'en ſouvient plus.*

Scène 2,
Page 13.

Scène 1,
Page 15.

Romains, vous avouërez le sang qui m'a fait naître :
Au pied de cet Autel à sa Gloire érigé,
Céfar verra son fils ou mourant, ou vengé,
Confommer de Brutus, ou réparer le crime,
Et se faire accepter pour Maître, ou pour victime.

D'où vient Céfarion vouloit-il régner sur les Romains malgré eux ? Etoit-ce parce que son Pere avoit été pour ainsi dire leur Souverain ? Il n'en avoit pas moins tort, & cela par deux raisons : La premiere, c'est que Céfar n'étant point monté au Thrône, par la voye légitime, qui est celle d'une élection libre, mais par violence, il n'étoit qu'un Usurpateur, qui ne pouvoit pas transmettre à sa postérité un Rang qui ne lui appartenoit pas. Ainsi les Romains pouvoient sans crime secouer le joug, & reprendre leur ancienne liberté, ou se choisir, si bon leur sembloit, un Prince ailleurs que dans sa Maison. La seconde, c'est que, quand même Céfar auroit été Roi, du consentement volontaire & unanime des Romains, il leur étoit également permis de donner leur Couronne à tout autre qu'à son Fils, s'il ne leur paroissoit pas digne de la porter.

POLIPHONTE.

Mérope,
Acte I,
Scène 3,
Page 10.

Le droit de commander n'est point un avantage
Transmis par la nature ainsi qu'un héritage ;

** Nul ne peut mériter ce destin glorieux.*
** Si le bien des Mortels n'est le but de ses vœux.*

CLEOPATRE, à *Antoine.*

Seigneur, vous allez voir tous vos malheurs finis,
La guerre terminée, & mes crimes punis.
D'un lien importun Octave vous délivre :
Il demande à vous voir & la paix va le suivre.

Scéne 3,
Page 17

A ce fatal accord prête à me dévouer,
Un seul regret me reste, il faut te l'avouer.
Je te connois, je sçais combien je suis aimée ;
Au bonheur d'être à moi ton âme accoûtumée,
Va du haut des Grandeurs malgré toi s'élancer
Vers ces bords malheureux où tu vas me laisser.

Page 18.

On doit varier les expressions d'un Discours, mais le ton doit toujours être le même, à moins que quelques circonstances considérables, en faisant changer les sentimens des Personnages, n'autorise aussi à changer cette partie, parce qu'elle sert beaucoup à marquer la différence des affections de l'ame. Quelquefois on dit en badinant, à un ami familier, des choses désobligeantes ; il ne s'en fâche point, à cause que la maniere agréable que l'on employe pour lui dire, lui donne à connoître que nos pensées n'y sont point conformes, & qu'il n'y a que l'envie seule de se récréer avec lui, qui nous engage à lui parler ainsi. Cléopâtre dans une même suite de Vers, dit à Antoine : *Seigneur vous allez voir. . . .* & à peu de distance de-là : *Je te*

connois. . . . . Cette bigarrure n'eſt pas une faute énorme, mais M. de Marmontel n'en auroit fait que mieux, s'il l'eût évité.

Ce premier Acte eſt fort beau du côté de la Verſification ; mais les Principes de ſa Morale, ſont plus propres à corrompre l'eſprit des Spectateurs, en leur inſpirant le goût de la fauſſe Gloire, qu'ils ne ſont propres à leur apprendre les moyens de mériter & d'obtenir la véritable.

ACTE II.

ACTE II.

VENTIDIUS, *en parlant de Cléopâtre.*

*R*Appellez Actium, *sa fuite, vos malheurs.*   Scène 1,
                                                  Page 22.

ANTOINE.

Peux-tu lui reprocher la source de ses pleurs ?
Actium la vit fuir par la crainte aveuglée ;
Mais put-elle prévoir qu'au fort de la mêlée,
Livrant à l'ennemi ses aigles, ses vaisseaux,   Page 24.
Son Amant éperdu la suivroit sur les eaux ?
Seul je me suis trahi. Mon ardeur effrénée,
Ne vit que Cléopâtre aux flots abandonnée.
Je pâlis, je frémis, je traversai les mers.
Ce moment me perdit, & dans tout l'Univers
Mon amour n'a trouvé qu'un Juge inéxorable :
C'est qu'à tout l'Univers il est inconcevable.
Mais je t'en parle encor sans honte & sans douleur.
Le remords naît du crime, & non pas du malheur.
Que sert d'être Empereur, s'il faut cesser d'être Homme ?
Que sont sans Cléopâtre & l'Univers & Rome ?
Et quel bonheur enfin pouvoit m'accompagner
Sur un Thrône où loin d'elle il eut fallu régner ?

N

Antoine s'y prend assez mal pour défendre sa cause, aussi je ne m'étonne pas qu'il l'ait perdu. Denis a mieux plaidé la sienne, qui valoit beaucoup moins. Au lieu de donner des raisons touchantes, Antoine se condamne par son propre discours. Ce n'est point un crime d'avoir le cœur sensible ; mais un Héros doit aimer d'une façon digne de lui.

VENTIDIUS.

Scène 1, Page 24.

Voyez en quel état vous réduit une femme.

Le plus grand des Mortels s'applaudit d'être infâme.

Rien ne touche ce cœur dans le luxe avili.

De sa Gloire à longs traits il boit l'affreux oubli.

Le plaisir vous séduit ! comme l'onde il s'écoule.

De la frêle beauté l'édifice s'écroule :

Le temps l'abat d'un souffle, & ses tristes débris

De ses adorateurs n'ont plus que les mépris.

M. de Marmontel n'est gueres poli envers les Dames. Ce mot, *une femme*, contient une satyre aussi cruelle qu'injuste, de tout leur sexe, sans aucune exception. Si parmi Elles il s'en voit quelques-unes qui ne remplissent pas leur devoir, il s'en voit d'autres aussi qui méritent qu'on les respecte. Pour moi j'honnore la Vertu, partout où je la rencontre, sans que la différence de Sexe, de Rang, d'âge, de Païs, ni même de Religion, me prévienne contre personne. C'est ainsi que l'équité veut qu'on pense & qu'on agisse.

VENTIDIUS.

Le plus grand des Mortels s'applaudit d'être infâme.

Je conviens que quand l'Amour nous fait négliger les fonctions de notre état, il est alors blâmable, mais il ne nous rend pas infâmés, quand il n'y a que cela seul. Dans l'affection qu'Antoine portoit à Cléopâtre, je n'apperçois rien qui pût ternir sa Gloire. Cette Reine étoit veuve, son égale par sa Race & sa qualité, de mœurs irréprochables, ainsi en l'épousant il ne s'étoit point rendu infâme. Je le condamne seulement d'avoir quitté pour elle, Octavie sa premiere Epouse, au lieu qu'il auroit dû partager ses faveurs entre ces deux Princesses; car il est bon d'observer qu'alors la Polygamie étoit permise.

VENTIDIUS.

Le plaisir vous séduit ! comme l'onde il s'écoule.
De la frêle beauté l'édifice s'écroule :
Le temps l'abat d'un souffle, & ses tristes débris
De ses adorateurs n'ont plus que les mépris.

J'approuve la pensée du premier Vers, elle est solide, mais les trois autres ne me plaisent point. On doit faire cas *de la beauté*, parce que c'est le Ciel qui la donne. Que ses appas soient dans leur hyver, ou dans leur printemps, ils n'en sont pas moins estimés, ni moins estimables, lorsque les Personnes qui les ont possédé, ou qui les possedent, ne s'en sont point servi, ou ne s'en servent point à des usages honteux. Il n'y a que l'abus *de la beauté* qui soit un mal, mais le mépris qui en résulte, tombe sur les coupables & non pas sur elle.

ANTOINE.

L'amour foible avilit, l'amour extrême honnore.
Un cœur timide & lent ne sent point ces accès,
Et peu sont assez forts pour aimer à l'excès.

Scéne 1,
Page 17.

On apprend tous les jours, je le vois bien, car je n'étois pas encore inftruit de la Morale du premier Vers. J'ofe pourtant me vanter, que je connois à fond tous les motifs par lefquels les hommes
agiffent, & toutes les Régles qui devroient être la bafe de leurs.
fentimens.

CLEOPATRE, *à Charmion.*

Scène 4,
Page 35.

S'il faut que mon orgueil baiffe un front fuppliant,
Penfe qu'il paîra cher ce foin humiliant.

Il paîra, ne vaut rien ; M. de Marmontel devoit conftruire ce
Vers, de façon à pouvoir mettre : *Il payera.*

CLEOPATRE.

Scène 4,
Page 36.

Dès-lors j'allume entr'eux une guerre immortelle.

La qualité *d'immortelle*, va bien avec les mots de mémoire, ré-
putation, & autres qui s'y rapportent, mais avec celui de *guerre*,
il eft impoffible de la fouffrir.

CLEOPATRE.

Scène 4,
Page 37.

Crois moi, les paffions font les refforts de l'âme,
Et ces heureux Tyrans, unis à la Vertu,
Sont le dernier appui d'un courage abattu.
Eft-il temps d'héfiter quand le moment décide ?

Que l'Univers me nomme infidelle & perfide,
Vertueuſe à mes yeux, & contente de moi,
Ie ne veux que mon cœur & pour Juge & pour Loi.

Voilà une Morale digne du ſiecle corrompu dans lequel nous vi-
vons; ce n'eſt pas que j'accuſe M. de Marmontel de dépravation
dans ſes mœurs ni dans ſes idées, je veux dire ſeulement, qu'il n'a
pas réuſſi à penſer juſte; que tout homme ſans le déſirer peut tomber en erreur, & qu'à moi-même tout le premier, il pourroit arriver de commettre une ſemblable faute.

Ce ſecond Acte eſt à peu près comme le précédent, ſa verſification mérite des éloges, mais la Morale ne m'en plaît point.

ACTE III.

OCTAVE.

Scène 3;
Page 42.

La Gloire & le Bonheur tour à tour se bannissent,
Se compensent l'un l'autre, & jamais ne s'unissent.

Le vrai Bonheur & la solide Gloire sont si peu incompatibles, qu'ils ne peuvent subsister que par leur union. En quoi consistent-ils tous deux ? Le vrai Bonheur se trouve dans la pureté de notre conduite; on ne parvient à la solide Gloire, que par la pratique des plus éminentes Vertus.

Etre irréprochable dans ses actions, ou suivre les Loix de son devoir, c'est une seule & même chose. Leur assemblage forme leur éxistance, on les anéantiroit si l'on séparoit l'un de l'autre. Si M. de Marmontel entend par le mot de Bonheur, la jouissance de ce qui contente les désirs de nos sens, je conviens alors que la Gloire ne peut point marcher en cette compagnie. Mais dans une Piece Tragique, où tout ne doit tendre qu'à corriger les Hommes de leurs défauts, est-il décent d'y voir traiter de Bonheur, le triomphe de leurs folles passions ? Tout Mortel qui a du goût pour la sagesse, doit assujettir les siennes, & ne point permettre qu'elles lui commandent jamais.

CLEOPATRE.

Scène 3,
Page 43.

Leur croyez-vous des cœurs moins sensibles pour vous,

Qu'à ces Peuples groſſiers qu'on voit à vos genoux ;

Des Peuples groſſiers : Ce dernier mot n'auroit point dû ſortir de la plume d'un Courtiſan d'Apollon & de Mémoire, il eſt vil, & ne ſçauroit être admis dans la langue uſitée aux bords délicieux qu'arroſe l'Hyppocrenne.

OCTAVE.

Avec quelle ſoúpleſſe
Son langage enchanteur attaquoit ma foibleſſe !

Scêne 4,
Page 41.

Soupleſſe ne vaut pas mieux que *groſſiers.*

ANTOINE.

Octave, laiſſons là l'amitié, l'alliance,
Gardons pour la Tribune une vaine éloquence.
Le vulgaire groſſier ſe prend à ces appas ;
Mais nous nous connoiſſons, ne nous contraignons pas.

Scêne 5,
Page 47.

M. de Marmontel auroit pû ſe diſpenſer de mettre le mot *une,* après celui de *Tribune ,* parce qu'il cauſe un défaut, qu'on appelle *Monotonie.* Dans les Vers comme dans la Proſe, on doit toujours l'éviter avec ſoin.

J'ai déja condamné le mot de *groſſier* dans la troiſiéme Scêne de ce même Acte.

CESARION.

Scéne 6,
Page 58.

Ce mot d'humanité cache bien des foiblesses ;
Pour moi je connois peu les ruses, les souplesses.

La Majesté de la Poësie Tragique, ne lui permet pas d'introduire le mot de *souplesse* dans ses discours ; en Prose même il ne seroit pas d'un bel usage.

CLEOPATRE.

Scéue 7,
Page 60.

Octave, dans vos mains je remets ce bandeau,
Du front d'une captive inutile fardeau.

Je crois qu'*ornement* auroit été plus convenable que *fardeau*, qui d'ailleurs n'est pas une expression bien choisie du côté de l'élégance.

Il y a dans ce troisiéme Acte des morceaux précieux, tant du côté de l'Histoire, que du côté de la Poësie.

ACTE

ACTE IV.

CLEOPATRE.

*S*I nous sommes vaincus· la flâmme est-elle prête,
Qui doit de ce Palais dévorer jusqu'au faîte.

Voilà deux Vers qui sont assez fades : *Jusqu'au faîte*, est mis seulement pour la rime.

CLEOPATRE.

Et ces serpens, ces aspics précieux,

Précieux & *aspics*, ne peuvent point aller ensemble.

CLEOPATRE.

Qu'une âme courageuse,
Trouve aisément le port d'une vie orageuse !

O

Scène 1,
Page 62.

Scène 1,
Page 62.

Scène 1,
Page 63.

Charmion, tu le vois, depuis que sans terreur
De mon cercueil ouvert j'envisage l'horreur,
Au-dessus des revers, foulant aux pieds la Terre,
Ma tranquile fierté dort au bruit du tonnerre.
L'Univers écroulé tomberoit en éclats,
Le choc de ses débris ne m'ébranleroit pas.

Ces huit Vers ne me paroissent pas propres pour la place qu'ils occupent ; la raison s'en fait sentir assez d'elle-même, ainsi je ne crois pas qu'il soit nécessaire que je l'explique.

CLEOPATRE.

Scène 2,
Page 68.

Allons sur le bucher tout prêt à s'enflâmer
L'un à l'autre, en mourant, jurer de nous aimer.
Que la flâmme propice a des liens si tendres
Nous consume à la fois, & confonde nos cendres.

Si tous les Vers de cette Piece étoient, chacun suivant sa destination, dans le goût de ceux-ci, elle pourroit passer pour un Chef-d'œuvre ; mais par malheur, les excellens morceaux n'y sont pas communs. *S'enflâmer* & *flâmme* font une faute de répétition ; au lieu de ce verbe, M. de Marmontel n'a qu'à mettre celui de *s'allumer*, pour lors il n'y aura plus rien à redire.

L'Acte précédent valoit mieux que celui-ci, de toutes façons.

A C T E V.

E R O S.

QUoi, Madame, en ces murs, Octave se hazarde!

Scène 1,
Page 75.

C L E O P A T R E.

*Il n'y vient qu'entouré d'une nombreuse Garde.
Mais qu'importe le nombre? Il y vient; c'est assés.*

Nombreuse & nombre ; c'est encore une répétition que M. de Marmontel pouvoit éviter.

C L E O P A T R E.

Eros, Octave approche. . . . . .

Scène 1,
Page 76.

E R O S.

Hé bien?

C L E O P A T R E.

*Faut-il te dire
Que ta main peut changer la face de l'Empire?*

O ij

EROS.

J'entends. . . . Mais par un crime Antoine couronné,
Sans en être complice, en sera soupçonné.

CLEOPATRE.

Qu'importe ? ces vains bruits n'étonnent que des lâches.
La splendeur de la pourpre en absorbe les taches.

Jamais opinion ne fut plus mal fondée, que celle de Cléopâtre. Voilà comme les Flateurs perdent les Princes, en leur remplissant l'esprit de maximes détestables, qui souvent sont cause de leur ruine. *Le Thrône n'acquiert point à ceux qui sont assis dessus, le droit de faire tout ce qu'ils veulent, il ne leur est permis d'employer leur Puissance, qu'à ce qui concerne l'accomplissement de leurs Devoirs.*

BILLET DE CLEOPATRE, à Octave.

Scène 4, Page 85.

» *Mon trouble & mes adieux vous en ont dit assés,*
» *Octave, il n'est plus temps de feindre.*
» *L'Univers est à vous, mes vœux sont éxaucés.*
» *Je suis dans ce Palais réduite à me contraindre.*
» *Venez, je vous attends. En vain vous menacés,*
» *Mon cœur est bien loin de vous craindre.*

Pégaze étoit de mauvaife humeur; quand M. de Marmontel a monté fur lui pour compofer ce Billet, car il n'a pas l'éloquence délicate & perfuafive qu'on devroit y remarquer. De plus, réguliérement tous fes Vers devroient être de la même mefure de ceux de la Tragédie, & à rimes jumelles.

CLEOPATRE.

Mon fils eſt libre, il vit; c'eſt affez pour ma haine.
Adieu. Sur ce bucher je vais mourir en Reine.
Charmion, tous mes fens nâgent dans le repos.....
Allons en expirant embraffer mon Héros.

Scène 6,
Page 88.

Adieu, me paroît être de trop. Cléopâtre dit, *qu'elle va mourir fur ce bucher.* Où étoit-il? On n'en avoit pas dreffé un certainement dans les falles de fon Palais, Octave s'y feroit oppofé. Les deux derniers Vers font foibles, il faut les corriger, & mettre:

* *Ma chere Charmion, ah que mon fort eſt doux !*
* *Le trépas pour jamais m'unit à mes Epoux.*

Dans la vérité de l'Hiſtoire, Octave ne devoit point être préfent, ni à la mort d'Antoine, ni à celle de Cléopâtre, que M. de Marmontel juge à propos de placer le même jour, & dans le même lieu, autres fautes impardonnables, car ces deux Epoux périrent en des jours & des lieux différens.

Ce cinquiéme Acte, me semble dans le goût des quatre autres, je lui trouve les mêmes avantages, & les mêmes choses à corriger.

OBSERVATIONS

SUR TOUTE CETTE TRAGE'DIE.

IL y a dans Cléopâtre un mélange si singulier d'erreurs & de perfections, qu'il faut être bien Sçavant pour pouvoir la critiquer avec solidité. C'est un talent très-rare & très-précieux, que celui de relever les endroits où un Auteur a manqué, sans commettre d'injustice envers ceux qui sont dignes de loüanges. Beaucoup de Personnes s'en croyent pourvûes ; mais en lisant les Ouvrages de ce genre, ils portent presque tous des preuves, que le nombre de celles qui l'ont en effet, est encore moins commun qu'on ne se l'imagine. Aussi doit-on témoigner une vive reconnoissance à celui qui, plein de zéle pour le progrès des Belles-Lettres, & instruit de ce qui peut y contribuer, daigne consacrer sa plume à un Emploi si noble, & tout à la fois si pénible.

Si j'ai osé courrir dans cette glorieuse carriere, qu'on ne pense point que le fol amour de moi-même, & une vaine prévention de ma capacité, en soient les motifs ; le grand attachement, pour tout ce qui mérite les soins d'un Homme raisonnable, dont mon cœur fut rempli, dès l'instant où il parvint à connoître l'excellence de sa nature, m'a, sans doute, donné quelques lumieres, mais je ne suis point assez présomptueux, pour me flatter que je possede cette Science sublime & universelle, qu'on doit remarquer dans les Personnes qui s'érigent en Censeurs des Productions de l'Esprit. Le désir que j'ai eu en composant les Critiques de Denis le Tyran, d'Aristomene, & de Cléopâtre, a été d'exciter les Maîtres de l'Art, à prendre eux-mêmes le soin de prononcer le Jugement des morceaux de Littérature, qui feront mis au jour par la suite, afin que le sacré Vallon ne soit plus innondé des méchans Libelles, de cette multitude d'Aristarques ignorans, qui très-souvent écrivent plûtôt par envie, ou par intérêt, que dans le dessein de nous être utiles, en nous faisant connoître les fautes où nous sommes tombés, & les moyens de les éviter.

Pour en revenir à l'éxamen de Cléopâtre, voici ce que j'en pense. Ses maximes, excepté un fort petit nombre, sont ou pernicieuses, ou établies sur de faux principes. M. de Marmontel a suivi le goût romanesque & fanfaron des Espagnols, ce qui ne convient aucunement à la Majesté de la Tragédie, qui est faite pour enseigner aux Mortels le chemin de la Vertu. Une Piece Tragique qui pêche par cet endroit, fut-elle d'ailleurs d'une beauté finie, ne vaut rien du tout. Ce seroit une dérision, si quelqu'un s'avisoit de mettre à la tête du Livre de Cléopâtre : *Et nunc Reges intelligite, erudimini qui judicatis Terram* ; Sentence qui, de l'aveu de M. de Marmontel lui-même, doit appartenir à tous les Poëtes Dramatiques, & sans laquelle leurs travaux ne méritent

Dans ses Réflexions sur la Tragédie. Page 105.

ritent aucune eftime. L'Hiftoire de Cléopâtre & l'ordre
de fes événemens me plaifent davantage ; quoiqu'entre-
mêlée d'Epifodes fictives, qu'il n'eut pas été impoffible
d'éviter, la vérité s'y développe fans peine ; il y a des
fituations touchantes, qui font voir la fupériorité du
Génie de celui qui en eft l'Auteur ; mais la partie de cette
Piéce qui l'emporte au-deffus des autres, c'eft fa Verfifi-
cation. Elle n'eft point éxempte de fautes ; mais dans le
général, je la trouve très-belle. La délicateffe de fes ex-
preffions, le tour élégant de fes Phrafes, la jufte cadence
des mots dont elles font compofées, auroient pû acquérir à M. de Marmontel une place parmi les plus Grands
Hommes de fon Art, s'il eut mieux réuffi dans la morale, & s'il ne fe fut pas tant écarté des faits véritables
de fon Sujet. Il y a dans fes trois Tragédies, quelques
endroits que j'ai paffé fous filence, quoiqu'ils foient ré-
préhenfibles, parce que je me fuis réfervé à en dire mon
fentiment, dans mon Traité des Régles de la Poëfie.

Qui diligit difciplinam, diligit fcientiam :
Qui autem odit increpationes, infipiens eft.

In Proverbiis Capiti xii.

APPROBATION.

J'AI lû, par ordre de Monfeigneur le Chancelier, un Manuf-
crit qui a pour Titre : *La Critique de Denis le Tyran, d'A-
riftomene & de Cléopâtre*, & je n'y ai rien trouvé qui puiffe en
empêcher l'impreffion. A Paris, ce 2 Décembre 1751.
                                        GUIROY.

LA MORT

DE THAMAS-KOULI-KAN.

TRAGEDIE.

ACTE I.

La Scêne se passe à Ispahan, dans les Jardins du grand Sérail des Sophis de Perse.

SCENE I.

Fatime, Princesse du Sang des anciens Sophis.
Achmet, son Amant, Neveu de Thamas.

ACHMET.

Fiez-vous aux transports de l'ardeur qui m'anime,
Mon cœur est à vous seulle adorable Fatime,
Ne soyez plus rébelle aux désirs d'un Amant,
Qui promet par le Ciel d'être à jamais constant.

Vous détournez vos yeux ! Mon aspect vous fait peine !
Qui peut vous inspirer ces sentimens de haîne ?
Je me croyois chéri ! Me suis-je donc trompé ?
Un espoir trop flatteur m'a-t'il préoccupé ?
Quel destin rigoureux ! Une si belle flâme
N'auroit point dû trouver des mépris dans votre âme.

FATIME.

Neveu de l'Ennemi de l'Empire Persan,
De l'Auteur de mes maux, de Thamas-Kouli-Kan,
Tu voudrois que je t'aime ! Ose-tu me le dire ?

ACHMET.

Chere Fatime, hélas ! si pour vous je soûpire,
C'est avec votre aveu ! Vous m'avez dit cent fois
Que pour moi de l'Amour vous connoissiez les Loix.

FATIME.

Quand je parlois ainsi j'ignorois ta Famille,
J'ignorois mon état, & de qui j'étois Fille,
A présent je sçais tout. Oublions notre amour.

ACHMET.

Pour un sincere Amant quel funeste retour !
Que fait à nos ardeurs votre état, ou ma race ;
Cela ne me doit point donner votre disgrace.

Sais-je indigne de vous ? Oꭎvrez-moi votre cœur,
Apprenez-moi, du moins, d'où provient mon malheur.

F A T I M E.

Un sévére devoir veut que je te déteste :
C'est t'en apprendre affez : Informe-toi du reste.

Elle veut s'en aller.

A C H M E T,

Se profternant à fes pieds.]

Rien ne pourra jamais me détacher de vous.
Non, je perdrai plûtôt la vie à vos genoux.
Digne Objet de mes vœux, qui vous rend fi cruelle ;
Pour vouloir le trépas d'un Amant fi fidéle ?
Vous gardez le filence !

F A T I M E, à part.

Il m'arrache le cœur !
Faut-il que mon devoir s'oppofe à fon bonheur !
Ciel.... daignez m'éclairer. ...

A C H M E T.

Je vois couler vos larmes !
Eft-ce haîne ou pitié d'où naiffent vos allarmes !

FATIME.

La haîne n'a point part à mes refus affreux,
S'il ne tenoit qu'à moi je payerois tes feux.

✳ M. de Ville-Maire avoit arrangé l'intrigue de cette Piéce, sur un Plan rempli d'intérêt & d'action ; mais il n'a point continué d'y travailler, parce qu'il lui a paru trop éloigné de l'Histoire, à cause de ses Episodes.

* Degardein de Ville-Maire, porte pour Armes, d'azur, à trois Amarantes d'or, tigées, feuillées, & mouvantes d'une Terrasse de même, le Chef d'argent, chargé d'un Soleil de gueulles.

OUVRAGES DU MESME AUTEUR,

Qui paroûront dans quelque temps.

I.

Traité Politique de tous les Abus, avec des Réfléxions courtes, mais solides, sur le Dommage qu'ils causent au Roy, & à tous ses Sujets, & sur les Moyens dont on pourroit se servir, pour les faire cesser entierement.

I I.

Charles Premier, Roy d'Angleterre, Tragédie, en cinq Actes, dédiée à Madame la Dauphine.

I I I.

Les Amours imprévus, Idylle, & Ballet Héroïque, dédié à Son Altesse Sérénissime Monseigneur le Prince de Condé.

I V.

Le Retour du Printemps, Idylle, & Ballet Héroïque, dédié à Son Altesse Sérénissime Monseigneur le Comte de la Marche.

V.

Corilas & Silvie, Pastorale Héroïque, en cinq Actes.

V I.

Un Ouvrage concernant la Marine, dédié à Son Altesse Sérénissime Monseigneur le Duc de Penthiévre, Grand Amiral de France.

V I I.

Les Régles de la Poësie Françoise, dédiées à Madame la Marquise de Sommyevre.

AVERTISSEMENT.

MONSIEUR DE VILLE-MAIRE donnera bientôt un second Volume, de même forme que celui-ci, lequel contiendra toutes ses Poësies Royales; son Ouvrage concernant la Marine; le Discours qu'il avoit composé pour concourrir au Prix d'Eloquence, proposé par Messieurs de l'Académie Françoise, en l'année 1749, mais qu'ils n'ont point vû, parce qu'il fut achevé trop tard; & toutes ses petites Piéces, tant de Vers que de Prose.

Le prix des trois Critiques est de 48 sols.

www.ingramcontent.com/pod-product-compliance
Lightning Source LLC
La Vergne TN
LVHW021854170726
843503LV00003B/1213